Leading with Safety

安全领航

[美] 托马斯 · R.克劳泽（Thomas R. Krause）
[美] 约翰 · L.亨肖（ John L.Henshaw）◎著
孙　佳 ◎译

中国工人出版社

序言

从业三十年，我遇到过很多组织为提高工作场所的安全性和健康保护能力，苦苦探索于企业制度、组织架构、政策、实践以及培训技巧的合理配置。这是减少危险、降低伤害疾病的关键手段，没有其他一劳永逸的办法。在现有阶段，有所提高的关键可能就蕴含在这本书里。《安全领航》提出了一些深刻的见解，涉及如何理解领导行为与组织文化之间的关系，以及如何采取实际行动实现高绩效——成为一个在工作场所安全性和健康水平以及包括质量、生产力和盈利性等经营绩效方面都表现卓越的组织。

我曾任职美国职业安全与健康管理局（OSHA）助理劳工部长，在工作期间了解到四种组织：有公然无视或漠视员工安全和健康的组织；有忽视工作场所的危险以及相关法律法规的组织；有致力于提升维护员工安全以及健康的水平，试图有所改进但达不到预期的组织；有掌握了正确的方式方法，且成绩斐然的组织。

第一种组织公然无视法律，是美国职业安全与健康管理局的执法关注对象，而且理应如此。在我看来，这种组织在我国是少数的，相关部门应该持续重点监管，直至在组织文化、行为、管理体系以及绩效等方面有所改善。

第二种组织可能只是不了解或是没有渠道了解有关员工安全和健康的要求。除了执法，美国职业安全与健康管理局可以通过广泛的服务、培训以及合规援助等方式，帮助此类组织达标，为员工提供更好的保护。许多这样的组织都是中小型工作场所，在有机会了解并意识到员工安全和健康的价值后，会持续改进。

第三种组织意识到员工安全和健康的价值，并试图有所改善，但并没有取得实质性进展。管理层承诺得很好，说起来也像回事儿，管理体系和实践也在稳步推进，但绩效还是不尽如人意。

第四种组织言行一致，上下一心，各方面都没问题，在工作场所的安全性和健康保护方面都很杰出。许多这样的工作场所都被列入了美国职业安全与健康管理局的志愿保护项目（VPP），而且通常在其他经营方面也远超同行，比如环保达标、生产力、质量、团队士气以及盈利性等。

为什么第四种组织会有超群的表现？在我看来，主要在于行为，特别是行为管理。这本书针对行为以及一个组织如何开始从心理层面应对安全性和健康问题，提出了一些实用性参考意见。成功的组织能够掌握安全领导力的基本要素，可以动员各级员工共同致力于营造零伤害的工作环境。他们了解人为绩效的关键内容，充分意识到必须要变革组织文化——为此必须改变行为，才能不断提高绩效，取得佳绩。这些组织能够做到卓然超群是因为他们关注所有员工的行为，包括首席执行官（CEO）、高级经理，以及一线监管人员，甚至是钟点工。他们不仅在安全性和健康方面追求卓越表现，在其他方面也是如此。

我国绝大多数的工作场所都属于第二种组织和第三种组织。对于他们而言，这本书有助于了解安全领导力和承诺的关键要素，破解应用行为分析的谜题，这也是营造积极行为和理想文化的必要手段。更重要的是，他们可以了解个体价值、领导力风格以及领导的行为如何对组织文化产生影响，并最终影响整体绩效。

显然，实现卓越的安全性和健康绩效的关键在于动员组织内的各级员工。这本书介绍了如何更好地动员组织内的各级员工以及一线员工、监管人员和高级领导层在营造零伤害或疾病的工作环境中发挥的作用，并提出了具有实际意义的应用及思考意见，也提供了一些加强高级管理人员有效领导的培训工具。当然，“行，始于思”，这本书概述了在组织文化和安全氛围的范畴内相对独立并且可以评估的一些要素，这些要素与安全性和健康绩效息息相关。

作为工程师、科学家和业务经理，我们往往将我们的操作视为一系列的事务处理。我们错误地认为，如果我们记录并沟通相关政策和程序，建立良好的管理体系，反复训练所有员工，一切就可以按部就班，并且取得不俗的成绩。但工作环境是动态的，而且依赖于技术和人员之间的相互作用。正如书中所述，人的表现在取得良好的结果中有所缺失。任何有意实现工作场所零事故、零伤害或零疾病的组织，都可以通过了解书中所阐述的理念、数据以及体系内容而有所裨益。这本书有助于相关组织开拓新思路、获取有效方法，从而离最终目标更近一步。

约翰 · L. 亨肖（John L. Henshaw）

前言

本书概述了过去五六年间，我们对安全领导力、组织文化以及组织绩效之间关系的了解及其对安全绩效改善的影响。

自 1994 年以来，我们展开了一项针对美国行为科学技术公司（BST）客户的成果研究，旨在量化这些公司在执行我司指导方案之后所取得的成果。该研究追踪了 73 个独立的安全改良项目，后来也发表于同行评审期刊[①]。研究表明，在过去的五年时间里，73 个组织发生事故的频率平均下降约 55%。

但真正引起我们关注的并非我们研究的初衷。我们震惊于*73 个组织的事故频率降低的巨大差异性*。有些组织很快取得成效，几乎是立竿见影，并且在过去的五年时间里得以保持。十家公司在两年之后的事故发生率平均降低 80%。其

① Krause, T.R., K.J. Seymour, and K.C.M. Sloat. 1999, "Long-Term Evaluation of a Behavior-Rased Method for Improving Safety Performance: A Meta-Analysis of 73 Interrupted Time Series Replications." Safety Science. 32: 1–18.

他公司在几年之后才有所改进，但最终实现了预期效果。然而，有些公司并没有取得实质性进展，甚至有所下滑。这种程度的差异性让我们有些困惑，也更迫切地想要了解这一切背后的原因。

我们组织了一项研究以期解惑，*为什么有的组织可以顺利开展安全改进计划，而有的组织不太顺利或是失败了？*我们采取的研究方法是“极端组群”设计。我们选取了代表安全改进计划中两个极端的组织组群——最好的和最差的。我们团队通过实地考察、调查以及访问，仔细研究了这些组织，并分析了数据。目标是分离出与我们所发现的结果——成功和失败，关联性最强的因素。

研究结果发表于 1998 年[①]，包括一系列关键性的成功因素，这些因素在成功的组织中普遍可见，也正是效果欠佳的组织中所欠缺的。但有两项发现相较于其他有所不同，一项清晰有条理，另一项则不是太明确：

1. 预示安全改进计划成功与否最重要的因素在于组织所具备的领导能力及其相应的组织文化。通常来说，对于熟悉成功开展绩效改进计划的人而言，这并不意外。但我们觉得这项发现很有趣，因为我们研究的计划是以员工为驱动的。这些组织中很多领导并不了解自己在员工驱动计划中所应发挥的作用或者是他们是否应该参与其中。鉴于我们的发现，有些讽刺的是他们所发挥的领导作用对于公司在安全性方面取得成功具有重要意义。我们的研究也表明有效的安全领导体现了一些涉及特定行为的特质，倾向于营造特定组织文化。

2. 在安全领域表现尚佳的公司，在其他经营方面也表现不俗。对组织绩效颇有了解的读者而言，这点也不意外。但这一事实所预示的含义是为什么安全绩效好就会取得卓越的运营绩效？我们不禁好奇，安全绩效的卓越性与整体运营的卓越性之间有什么关系？

因此，我们十分想要了解安全领导力及其与组织运作之间的关系。随着研

---

① Hidley, J.H. 1998, “Critical Success Factors for Behavior-Based Safety.” Professional Safety. 43: 30–34.

究的展开，我们了解了优秀领导者的行为和领导方式以及如何提效。我们逐渐勾勒出一些有关如何提升安全性以及组织运作能力的整体性理念，并对相关公司具有重要的参考意义。过去的三年里，我们致力于开发有利于提升安全领导力的方法，明确有效联结安全领导力和高水平组织运作的机制。本书所阐述的诸多理念建立在我们之前工作的改进和完善的基础之上。一些思考的程序是全新的，随着对经验的总结和学习，有些初衷也发生了改变。

本书针对组织中各个级别的安全领域领导者，阐述了上文提到的诸多方法以及相关机制。安全领域领导者是指对组织安全性具有影响的每一位员工，这种专门写给组织中大范围人群的书籍并不常见。我们这样做的原因有两点：一是不同级别的员工对安全的考虑有共通之处；二是安全领域领导者遍布组织当中的各个级别。安全性问题发生于组织基层，根本在于员工与技术之间的相互作用。但每位领导者在保护员工免于危险伤害的过程中发挥的作用各有不同。

我们发起安全改进年会，并邀请我们的客户参加。2005 年，近 3000 名来自 420 个组织的代表出席了会议，涵盖并代表了每一个组织级别。分组会谈从工会关注点到高级行政领导技巧培训。与首席执行官、前线监管人员和非正式领导以及前线员工群体的对话稍有不同，但都有关于如何营造正确的环境或安全氛围，一种认为不可接受伤害和事故的文化——*零伤害文化*。当然，各个级别对这一环境的营造都具有不同的贡献。但从组织层面上来说，有趣的一点是各级员工在保障安全方面具有共识。

引言

安全象征着组织卓越

你新近就任一家大型制造型组织的首席执行官。该组织颇具规模，资产雄厚，但利润平平，劳资关系错综复杂，士气低下，行情不尽如人意。你意识到需要采取有意义的手段调动全体员工才能提升绩效。你知道这将是扭转乾坤的关键。

但说得容易，用不了多久，你就会发现摆在改进目标和员工所处真实世界之间的重重问题。组织没有凝聚力，领导缺乏公信力。监管薄弱，有专制甚至是不公之嫌。最近的调查显示，员工认为领导层缺乏倾听。被问及如何看待领导时，他们回答："漠不关心。"近来的改良计划收效甚微，很大程度上是因为员工并不认同新的理念。多年以来，安全绩效已经成为制造行业的基本要求。

如何着手呢？战略性考虑的思路是什么？你的顾问团说是*需要变革组织文化*，你的管理团队也认同。但你并没有天真到认为可以像安排生产计划或是工程分析一样实现文化变革。而且你的教育背景是工程、财务或是营销，而非人类学、社会学或是心理学。以往的经验告诉你，不管文化顾问说得多么天花乱坠，许多领导者在应对文化问题时总是受挫，要么收效缓慢，要么根本毫无成效。而且你仔细想想，如果文化本质上是由价值构成，有什么理由认为*领导可以改变员工们的价值呢？*制订一个满怀信心的战略性计划并非易事。

然而，这是全球组织中，*领导们*共同面对的情况，无论是一线监管人员、现场管理人员还是首席执行官。上文提及的一系列问题并不少见。*本书的前提是可以采取一种不同寻常甚至是有些令人惊讶的方法——安全领航，从而高效、有效且稳妥地解决这些问题。*这就意味着要调动组织在已经得到重视的方面采取措施：防止员工在工作中或工作外受伤或死亡。在过去的二十年间，作为面向各类组织的专业顾问，我们遇到并帮助了许多公司制定并执行这一策略，且成效显著。没错，安全性得以提升，伤害、疾病以及意外死亡率有所下降，但或许更有意思的是，安全性提升之后，其他绩效指标整体上都有了相应的提高，此外，文化也有了明显的改变，而且文化变革显然是领导力的问题。

解释文化变革的机制有以下三种：第一种是相互作用原理，在第四章有详细的论述。第二种是员工了解到自己得到了重视，更易于接受动员。第三种是运营卓越的因素高度相互关联。最好的定位不仅在于质量或是生产，而是全方位的领先。关键在于从哪里着手开始改进，这一点很重要，而安全性就是一个理想的着手点。

运用这一模式的一个知名典范是保罗·奥尼尔（Paul O'Neill），1987 年间任职美国铝公司（Alcoa）首席执行官时，就面临着类似的情况。他意识到如果想要转变铝业巨擘的组织文化，就不得不动员全体员工。首先要求文化统一，员工要相信组织真的关心他们。因此，奥尼尔别出心裁，将安全情况作为高级领导绩效的第一指标。慢慢地，他改变了美国铝公司的文化，促使其成为世界安全绩效领域的翘楚，进而为*组织运作*的蓬勃发展奠定了基础。

1987 年，美国铝公司误时的事故频率为 1.86。2002 年是 1.2[①]。1987 年，

---

① Smith, S. October 2002. "Arnerica's Safest Companies: 17 Award Winners Share Rest Practices." Occupational Hazards. 47–62.

净收益达 2.64 亿美元，销售额是 46 亿美元，员工有 35700 人，市值是 29 亿美元。2000 年，奥尼尔退休时，净收益达 15 亿美元，销售额是 229 亿美元，员工有 14 万人，市值是 299 亿美元①。

引领安全是什么

我们将这种组织变革的方法称为“安全领航”。这一称谓也有其他几层意思。安全领航意味着安全绩效卓越，“引领”组织实现其他方面的绩效卓越，也强调了*领导力*在安全卓越方面的重要性，而且也意味着引领安全的领导者以一种不同以往，有价值、有趣的方式将自我定位为“领导者”。

本书的结构是什么

一些优秀的领导者通过安全改进，实现文化统一、提升组织运营、加强运营的卓越性。但也有许多组织有所例外。我们必须与现有领导者一起开始改进，发挥他们的优势，支持他们把握改进的机遇。变革推动者如何影响组织的其他人，促使其*引领安全*？

纵览全书，我们将从不同的角度回答这个问题。第一章明确了成为有效安全领导者应了解的核心概念，包括提供全局视角的组织安全模型。许多组织的领导问我们：“如何成为一个优秀的安全领导者？”与多家优秀组织共事之后，我们仔细研究了这个问题，并在研究和经验的基础之上开发了安全领导力模型。第二章阐述了个体安全领导者的个性和价值、情感承诺以及领导力风格。回答了有关个人立场的问题，即成为有效安全领导者所需的个人品质有哪些。第三章介绍了安全领导力行为的最佳实践，即有效的安全领导者面对特定行为时该怎么做？第四

① Arndt, M. February 2001. “How O’Neill Got Alcoa Shining.” Business Week. 39.

章分析了理解组织文化和安全氛围的核心要素。

第五章至第九章讲述有关可以推动变革的特定工具。第五章阐述了应用行为分析，一种功能强大但容易让人误解的研究方法。第六章内容是让人着迷的认知偏差。第七章是把高级管理人员培训成为有效的安全领导者。第八章是监管人员的独特角色。第九章介绍了一种保障前线员工安全的具体方法。

接下来讲有关应用。第十章是应用书中原理制定干预手段的策略。第十一章介绍了一些组织在运用安全领航方法方面的案例分析。第十二章，我们回顾了美国国家航空航天局（NASA）在哥伦比亚悲剧之后所开展的安全氛围变革。

既然本书旨在缩小理论与实践的差距，安全领导力模型所呈现的每一个概念都有专门设计的实操方法。

目录

第一篇　组织安全模型

第二篇 安全领导力模型

第三篇 领导者的任务：了解人为绩效的两个关键方面

第四篇 动员员工

第五篇 应用

141

PART 01

第一篇

组织安全模型

通过一个“全局”模型，介绍组织安全绩效的核心要素。

第一章 组织安全模型：了解全局

- 组织安全模型：如何确保改进安全领导力
- 工作界面的高度重要性
- 了解暴露事件和伤害事件的关系
- 领先指标的必要性
- 启动安全体系
- 维持安全体系
- 领导力营造组织文化和安全氛围
- 促使领导者改进安全的动机有哪些
- 影响安全领导者的行为
- 维持组织变革：两个关键要素

本书中所提及的“安全领导者”是指可以在组织安全方面影响其他人的每一位，包括组织最高级别的领导、所有管理者、劳工代表以及工人。我们也会交替使用“安全”和“环境、健康和安全（EHS）”。我们的客户在这些领域使用了许多缩略词：安全、健康和环境（SHE），健康、安全和环境（HSE）等。我们认为三者相互关联，对其中一个有影响的方法也相应作用于其他两个。

卓越的安全领导者对相关核心概念有深入的了解。有过操作背景的领导者通过实际经历来了解这些概念，并且形成一种直觉。其他领域的领导者会发现这些基本概念并不难理解，但执行起来有些困难。理解这些核心概念是实现安全绩效卓越领导力的前提，为制定改进干预策略提供了一种系统化思路。

组织安全模型：如何确保改进安全领导力

领导者需要具体地了解如何确保改进安全领导力。我们大体上了解领导力对于安全卓越而言具有重要意义，但领导者和安全绩效改进之间具体有什么关系呢？作为安全领导者，我需要了解可以产生实际效果的具体机制，仅仅是说“管理层需要支持安全工作”并不够，我们需要管理层的支持，但我们更需要具体明确安全领导者成功履职的要素。安全改进机制的惯常内容有哪些，需要领导者做到的内容又有哪些，我的所言所行或是没能做到和说到的事情，如何对工作配置和工作完成方式产生影响？

卓越的安全领导者了解组织安全模型体现的“全局”，参见图 1–1。图中解释了领导力和文化如何对组织安全启动体系和组织维持体系产生影响，从而减少工作界面中的危险。

工作界面的高度重要性

工作界面由设备、设施、体系和行为构成，这些内容界定了工人与技术之间的相互作用，危险就存在其中。组织如何有效控制工作界面的危险情况，直

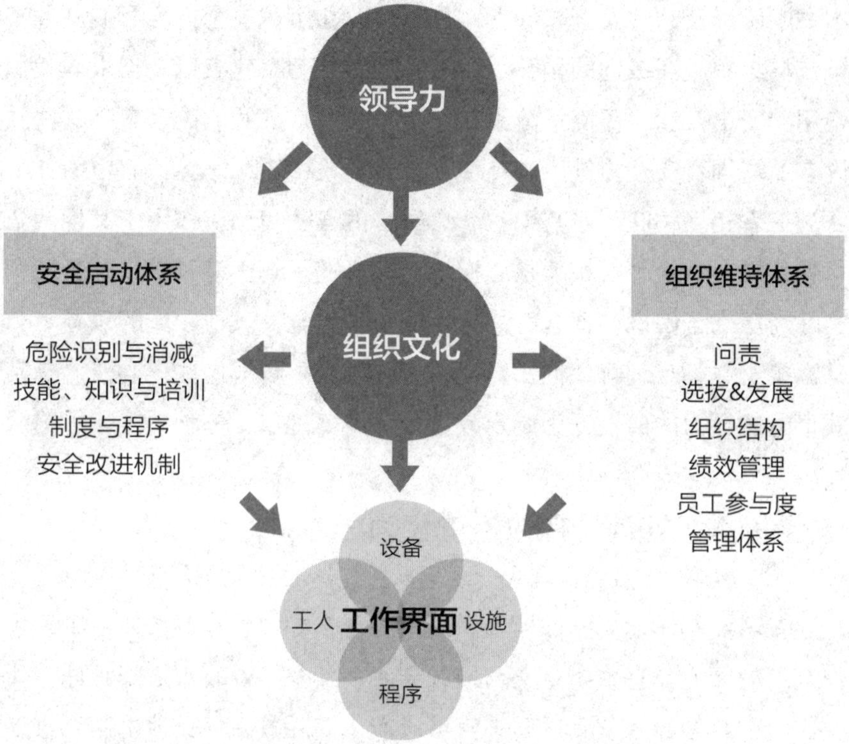

领导力

了解如何正确实现目标，激励团队有效开展工作。决策践行安全领导力与领导者个人信念有关，并体现在个人行为上。

安全启动体系

工作界面中，确保安全的一套机制。不同机构分类方式不同，但通常包括基本的安全机制：危险识别与消减、培训、制度、程序、政策以及安全改进机制。

组织文化

组织驱动价值观。“我们在这里如何行事。”无须明说的做事方式。区别于安全氛围，组织文化是为实现安全，由组织领导者所强调的内容。

工作界面

设备、设施、程序和工人之间的相互作用。这些因素结合之后，制造或消减了遇险情况。

组织维持体系

维持启动安全体系的一套机制，并确保其效率。包括人员的选拔和发展、绩效管理、组织结构、员工参与度，以及其他管理体系。

图 1-1 组织安全模型

接关系到安全卓越。从本质上来说，安全在于工人如何与组织内的技术相互作用。组织安全模型当中的每一个要素在危险控制方面都发挥着关键作用。

启动和维持体系旨在减少和消减这些危险，要么消减危险本身，比如调整生产过程，要么引进风险控制措施，比如防护或通风系统。

我们有意回避谈及在工作界面当中哪些类型的暴露容易引起哪些事故。在安全领域当中，许多人认为很大一部分事故都是由行为原因导致的，其余则是与设备和设施有关。我们在 1990 年出版的第一本书中认同了这一说法。然而，如今我们觉得这种将原因一分为二的做法非但没有用处，反而事实上有伤害，虽然这一观念在我们的文化中根深蒂固，但也是安全领域的主流观点。

原因有很多：一是一分为二并不能体现造成伤害的真实情况。设备故障不仅是因为设计或维护不当，而且与工人的危险行为与组织构成脱不了关系。实际上，工人与技术相互作用，其结果共同构成了一个体系。体系受多种变量影响，如设计质量、培训适当性、文化和环境以及领导力水平影响。二是一分为二倾向于鼓励归咎。如果了解伤害原因的目的在于设置故障，使用简介（尽管不充分）的类别，比如“工人行为”或“设备和设施”，作为伤害来源或许有用。这是自然反应，也是一般媒体中常见说法——“人员操作不当导致本次意外”。但也常常事与愿违，因为容易归咎。归咎总是不应该的。

不应该问“这是谁的问题”，而是“如何在未来避免诸如此类的伤害”，如果意识不到这一点，我们就会为这个问题争论不休，了解伤害如何发生的过程就会带有偏见，因为大家各持己见只想证明自己没有错。曾在组织文化薄弱的机构参与过事故调查的人可能对这种混乱场面深有体会。事故调查委员会无论是将一切称为“人员操作不当，命令操作人员做出调整”，还是认为一切都是由设备或管理不当导致的，都有可能会浪费时间，给出不恰当结论，以及破坏组织安全氛围。

安全运作良好的组织已经摆脱了归咎的困扰，意识到要通过制定和影响可以减少消除危险暴露的体系来确保安全。

当然，不同的暴露可能造成的危险程度是不一样的。[①]有些危险暴露会导致更严重的事故，有些则相对较轻。[②]

了解暴露事件和伤害事件的关系

领导者必须了解暴露事件和伤害事件的关系。海因里希（H.W. Heinrich）最先于 1959 年描述了这一关系。[③]自此在大多数标准安全文献中都有所引用，所表达的内容就如熟悉的“安全三角”所体现的，顶部是致命危险，不太严重的伤害位于底部。最近这一概念遭到了质疑[④⑤]，因为并没有体现出这些危险相较于其他危险更容易导致严重的伤害，而且特定危险导致不同程度的伤害比例也有很大的区别。评论认为仅仅是关注频率，容易错误地将重点放在引发许多轻伤的危险种类上——而非关注引发较少数量轻伤，但更有可能导致重大伤害的危险种类。我们也认同这一观点。假定所有暴露事件会引发同等严重程度的事故，采取同样的干预措施，有些过于简单化了。然而，高发但不严重的事件或许也预示着发生严重事件的可能，忘记这一点也是不对的。

实际上，这一概念在安全领域以及其他应用方面十分有用，可以用来了解种类繁多的“意外事件”——不受欢迎但又难以预知或控制的结果。对这一原理的批评往往没能了解其重要性和影响。例子不胜枚举，从灾难事件到犯罪，从高校辍学率到医疗差错。基本原理是许多较小或轻微事件优先于一个单独较大或严重事件。这些较小或轻微事件可能类型相似，但严重程度较低（比如轻

① Maiiuele, F·A. February 2004. “Injury Ratios.” Professional Safety. 26–30.

② Defining the precise relationship needs to be done on a case-by-case basis and will vary by type of industry, and a number of other factors.

③ Heinrich, H.W. 1959. Industrial Accident prevention, 4th Ed. New York: McGraw Hill.

④ Kriebel, D. 1982. Occupational Injuries: Factors Associated with Frequency&Severity. International Archive of Occupational&Environmental health 50: 209–218.

⑤ Manuele, F.A. 2002. Heinrich Revisited: Truisms or Myths. Itasca: NSC Press.

微泄漏、相对严重泄漏），或是一系列事件的导火索，进而导致重大事件（比如没有切断线路，导致大型火灾）。

这一原则有两个重要含义：一是发生单个严重事件时，可以推测之前有很大可能已经出现许多较小的事件；二是为了避免工作场所发生事故，必须像应对大型事件一样，严肃对待小型事件及其导火索。每次有工人暴露在危险之中，无论实际结果是没有伤害、致命伤害还是另一种形式的灾难，这种暴露都意味着重大风险。这一事实对于我们在组织中，改进安全的日常实践中，具有重要意义。这意味着零伤害文化不仅是对事故的不容忍，*还是对危险暴露的不容忍*。

这一原理为安全以外的绩效问题提供了新的视角。举个例子，一个高校学生被发现在宿舍使用毒品。学校管理层想查明这是一个独立事件还是其他学生也在吸毒。“暴露事件”原则表明单个严重事件独立发生的可能性很低，而且如果发生了一个严重事件，*很大可能上*，之前发生过许多类似但不太严重的事件。这种情况下，一个学生吸毒意味着校园里的其他学生可能也有同样行为。

相似地，如果制造业环境中发生单个致命事件，*很大可能上其根源——引发事件的具体危险暴露在工作界面，并经常发生*。（并不是说总是存在。如果绝大多数时间工作界面都没有这种暴露，只有在5%的时间里存在，我们也可以预见伤害的发生）领导者往往对这种统计学事实后知后觉，更容易认为严重事件是“意外受挫”。正如统计专家说过：“稀少事件发生，很稀少（没有绝对的偶然）。”大多时候，结果不常见，但引发这一结果的事件很常见。

我们举一个例子。我们看到路上有一辆车疾驰向办公楼。不知何故，突然转向撞向迎面而来的车流。司机没系安全带，被甩出车窗，身亡。司机平时都系安全带，就今天没系的可能性有多大？有这个可能，但可能性很低。更大的可能是这个司机常常不系安全带，意外当天也不例外。

类似的例子，一个工人从升降台上摔落致死，事故调查发现他工作的脚手架不合格，也没有使用坠落防护。工作现场脚手架不合格和不使用坠落防护是稀少事件的可能性有多大？有可能，但可能性很低。更有可能的是经常发生这些危险，而且之前造成过较小事件，但都侥幸脱险或轻伤。*另外，这意味着管理层默许了这些事件*。

回顾一下，暴露事件是指在工作界面中，工人暴露在危险之中。包括与设施、设备以及行为相关的暴露，还有最重要的是与这些相互作用相关的暴露。

某一时间段内发生的同等数量的暴露事件，在同一时期会引发不同数量的事故。这是一个源自随机变化率的统计学事实。今天某个暴露导致的结果可能和明天不一样，纯粹是偶然。如果不了解这一基本统计学关系，领导层就不可避免地会对事故数据反应过度。可能有几个月的伤害频率比往常低，领导们就会得出安全情况有所改进的结论，实际上却未必如此。或者是几个月的时间里出现“多发伤害”，这时领导们可能会说安全情况恶化，然而事实上暴露可能有所减少。这些并不是说安全最终只能靠运气，但确实说明*事故频率受随机变化率影响*。卓越的安全领导者需要了解这些关系。

领先指标的必要性

了解暴露事件与伤害之间的关系需要参考领先指标。领先指标是以变量为手段，从统计学角度有效预测伤害频率。相对于落后指标（比如，除以工作小时的伤害事件数量），组织可以通过领先指标采取前瞻性措施，防止伤害。图1–2列举了一些领先指标和落后指标。或许这一切最有趣的是大部分安全专业人士已经了解了这一点，然而*安全领导者*，包括制定重要安全相关决策的主管人员却并不了解。

启动安全体系

启动安全体系合力减少消减危险暴露的情况。这是确保充分安全运作的基本安全体系或项目。大部分大型组织都配备了启动安全体系，并定期检查。有效地安全领导这些体系内容、核查方法以及能效性。

领先指标	落后指标
工作界面评估	环境事件
危险评估	伤害率
可行的暴露观察（比如安全百分比）	疾病
安全参与率	工人补偿费用
侥幸脱险	损失工作日

图1-2 领先指标和落后指标

有趣的是，大部分组织会发现两个工作场所实际上可能启动体系的检查分数一样，技术也一样或差不多，有相似的劳动力，但却会有*迥然不同的事故发生频率*[①]。启动体系对于卓越的安全绩效而言是必要的，但并不充分。正如我们所见，除了启动体系，安全成功还需要维持体系。

维持安全体系

组织的维持安全体系是指维持安全绩效卓越的体系。大部分组织有这样的体系，但相对启动体系，不同组织的维持安全体系的质量却有很大的差别。或许更重要的是大部分组织没有重视这些体系与工作界面、启动体系以及安全绩效结果之间的关系。

与安全成果相关的核心岗位是否对安全领导力有要求呢？培养安全领导者是怎样的过程？组织结构是否充分重视安全？绩效管理体系是否卓有成效地解决了安全领导问题（不仅是参照落后指标）？是否有确保员工在安全领域参与度的机制？是否有系统的有关安全生产过程和结果的领导问责制度？

---

① Petersen, D. April 1998. "The Four Cs of Safety: Culture, Competency, Consequences& Continuous." Professional Safety. 32–34.

领导力和文化决定了这些体系发挥的作用。但说起来容易，领导层有责任持续不断地改进启动体系和维持体系。但工作环境复杂，如技术变革、组织变革、存在运营压力、文化因素可能不理想等因素。在现实工作中，安全领导者如何推进安全改进？

领导力营造组织文化和安全氛围

安全改进的最终目标是创造积极的安全氛围，一种以安全为主流价值的文化。如果我们从实际的角度来看，其实许多组织还有很多的问题，比如信任度低、沟通不畅，参差不齐的管理公信力。许多领导者无法处理危险情况，一线员工往往没有被调动起来。我们如何改变这一切？我们如何营造以安全为驱动价值的文化？

变革的进程始于领导力本身。对组织有影响力的领导者核心群体需要在价值方面形成统一，明确哪些原则体现了这些价值。接下来他们需要了解可以通过哪些必要行为，向整个组织传递他们面对变革的严肃态度，推动其他领导者的正确行为。领导者必须做到方向正确，言行一致；制定正确的决策，沟通正确的信息，明确有力地表达正确的愿景。

文化变革进程缓慢，但每时每刻都在改变。领导者每次做出决策、遗留问题、采取立场或是解决问题都会改变文化。变革过程是对已经发生的自然改变进行引导或是推动。文化变革需要时间，这一点有利有弊。一方面意味着需要很长时间才能改变薄弱的文化或是没有效率的文化；另一方面，一旦安全成为组织文化的驱动价值，就会有一定持久性。

基层启动和维持体系的能力不足以预测绩效的变异性。安全领导者需要对*组织文化*和*安全氛围*有一定的了解，才能理解事故发生频率有差异的原因。如果两个工作场所的启动和维持体系水平相当，技术和工作量相似，但事故发生频率不同，可能就是因为文化存在差异。

组织文化是组织内共有的价值和信念，对行为有驱动作用一般被描述为

“我们在这里的行为方式”。文化的概念众所周知，但组织文化和安全氛围之间的关系，及其对安全绩效的影响却不尽然。

我们将在第四章深入讨论文化和氛围，此处，我们将做简要说明。组织文化包括一些有关我们如何行事约定俗成的规定，安全氛围是指特定时间对运作某一特定领域（此处是指安全）的主流影响。因此，组织文化长期深入，需要更长的时间去改变，并且对诸多运作领域的组织绩效产生影响。安全氛围相比较而言改变更快，能更直接地反映领导层意图，将组织文化视作对组织产生的隐性影响，安全氛围则更为显性。氛围改变比文化变革更快。

安全领导者要做的不仅是影响基层改进要素，也必须承担影响组织文化和安全氛围的责任。另外，*基层安全改进要靠管理，组织文化和安全氛围要靠领导*。第三章阐述了我们所指的管理和领导之间的差异以及有关安全领导力的最佳实践。概括来说，管理有关*做了什么*，领导有关*如何去做*。

最后，安全领导者的职责在于为减少和消除危险暴露的机制贡献力量，并提供支持。

促使领导者改进安全的动机有哪些

基于我们与不同级别领导者合作的经验来看，从一线监管人员到首席执行官，促进安全改进的原始动机有三个：富有同情心、基于文化统一建立绩效平台以及追求盈利。

多年以前，我们最初接触高层管理人士时，我们团队中的一些成员惊讶地发现即使领导者各有不同，但*促使高级领导者改进安全最主要的动机是人类的同情心*。我们发现这一点适用于普遍的安全领导者，无论其在组织中的级别如何。致力于安全改进的领导者通常是出于高度的正义感、对道德准则的坚守，以及一种做正确的事的感觉。

这种动机与其他商业动机有本质上的区别。领导者确保安全的动机是出于同情心，而非为了企业盈利或个人成功。这一事实对于和各级别领导者在安全改进方面开展合作具有非常重要的影响。

尽管“文化统一”通常是次要动机，但也十分重要。大部分公司很难真正实现组织文化统一。甚至是该领域的领导者也认识到前路漫漫，组织生活本就充满挑战。组织最重要的目标往往不是与管理人员脱节，就是与工人和监管人员脱节。为了改进绩效，组织有时强加给员工一套“价值”，但员工并不认可这些。*高效的领导者了解承担安全领导者的责任，有机会在组织内营造真正共享的价值观*。如果成功，将对组织公民性、员工高效的团队协作能力以及整体的组织效率产生显著影响。我们将在第四章详细阐述。

不安全的工作场所对营造文化统一的影响最迅猛。

有些公司的大笔高额开支都与伤害相关。然而，以我们的经验来看，伤害支出的费用更多与所需资源的辩护相关，而非激励领导层。而且，一线员工可能会对改进安全节省开支有所误会，认为这是领导层改进安全的唯一原因。

影响安全领导者的行为

组织领导者在发挥安全领导力方面的能力和技巧各有不同。无论是高级领导者还是一线监管人员。有些领导者在安全领域具有自然倾向，不太需要帮助。有些领导者不太情愿承担安全责任，甚至有些焦虑。许多领导者的选拔在于技术能力，发挥卓越的安全领导力必然是一项需要高水平人际交往技巧的“人类活动”。

我们将在接下来的三个章节中，通过安全领导力模型深入探讨这些问题。有关该内容的主要观点如下：

（1）安全领导力行为与其他行为适用同样的原则。*然而，正确行事并影响行为可能在高级领导与管理人员、监管人员或是员工之间有很大区别*。

（2）优秀的安全领导者是有动力改进安全的领导者，与一般的优秀领导者并无不同。

（3）我们了解优秀安全领导者的个性特征、领导力风格以及最佳实践。我们可以描述提供安全领导力以及开展文化变革所必需的具体行为和实践，而且我们可以明确健康组织文化和安全氛围的属性以及如何评估。

维持组织变革：两个关键要素

每个领导者都有过一些变革失败的经验。实际上，更多时候的变革计划需要几年的时间才能初见成效，无法实现长期变革才能取得的效果。

我们认为，如果变革得以正确开展，那有关组织生活的这一不幸事实就无关紧要了。区别安全绩效短期和长期变革计划的要素有两个：

1. 机制和过程。

2. 较高的员工参与度。

这两个要素的重要性再夸张也不过分。大部分领导者已经对一般的变革计划习以为常，对其影响没有太高预期。但是如果策略能够充分应对这两个要素，情况就不一样了。“机制”和“参与度”是具有主动性的词汇，而不是说明书里的行为指南，涵盖日常工作中需要例行完成的一系列行为，从而实现“培训项目”和真实组织变革之间的不同。

机制和过程

机制是指为实现组织变革而采取的一系列进行中的行动。比如我们想要改进监管人员与工作界面之间的关系。一种策略是进行培训，并希望他们可以将所学运用到日常工作中。这种策略可能行不通，因为他们需要自己应对变革过程中最困难的一点——如何将所学内容结合到日常工作中。

另一种策略是创建一个体系，要求监管人员正常开展工作，并使用数据追踪系统跟进结果，为组织领导提供评估数据点。比如，可能要求监管人员系统地看待工作界面，做记录并录入数据系统，为高级领导者提供总结月报。第九章提及的另一个体系要求员工参与消除工作界面的危险。第十二章介绍了另一种美国国家航空航天局采用的行为观察和反馈体系，可以改进领导者的行为。

机制要求相关人员可以参与运作。这也就引向了第二要素：较高的员工参与度。

较高的员工参与度

组织变革中最接近“魔法”（难以实现）的事情就是让员工对这一过程感兴趣。实现这一目的最有效的方法是让他们参与其中，让他们承担推动机制和过程发展的责任。这是组织必须反复学习的一门课程，然而还是容易遗忘。员工参与度无可替代。

大多数组织在 20 世纪八九十年代的质量改进时学到了这一课程。但随着其他必要的一些变革——新的领导、新的技术、新的挑战，许多组织遗忘了这一点。我们与美国国家航空航天局共同致力于文化变革时清楚说明了这一点。干预计划的各个方面都卓有成效，但真正引起领导者和个人贡献者关注，让组织当中每一个人都看到事情所有转变的是员工的参与。讽刺的是，这种参与可能无法实现，因为要求员工贡献太多的时间，没有人有这么多时间。但是就像锻炼身体一样，多运动就会更有型（循序渐进，渐入佳境）。随着身体状况变好，就会产生新的能量。

纵览全书，我们将围绕这一中心思想展开：组织要把为支持变革而制定的概念和理论运用到具体的机制和过程中。确保员工的参与度不仅是保持过程活跃的方法，也是过程本身。

PART 02

第二篇 安全领导力模型

第一章我们探讨了组织安全绩效的核心要素。虽然每一个要素都很重要，组织往往发现领导力要素最具有挑战性。当重新重视安全问题时，组织领导者往往会想他们能够或者应该采取怎样不同的行动——“我们想要采取正确的行动，改进安全绩效，但是我们实在是不知道应该怎么做。”这一部分包括三个章节，回到了这一问题——“如何成为一个优秀的安全领导者？”

第二章 安全领导力模型第一部分：有效安全领导者的个性、价值、情感承诺和领导力风格

- 引言
- 核心要素：个性、价值、情感承诺
- 大五类人格特征评估
- 大五类人格特征研究在安全领导力领域的运用
- 应用研究结果改进安全领导力
- 领导者如何运用大五类人格特征改进安全效能
- 领导者在安全方面的价值和情感承诺
- 领导力风格
- 培养模式

引言

当一个组织关注安全改进，个体领导者发挥的作用就越发明显。想要成为优秀安全领导者的组织领导会问："我们如何引领安全？优秀的安全领导者会怎么做？"

我们将在本章着手研究一个综合模型，该模型有助于清楚了解安全领导力的关键要素，以及各要素之间的关系。这一领导力模型与第一章介绍的组织安全模型一起，帮助领导团队广泛切实地了解实现成功安全领导所需要的要素，以及实现之后的效果。

这是一个多维度模型（图 2-1），可以从两个方向思考：一是由内向外，从个体核心价值到群体；二是由外向内，从组织文化到个体领导者的核心价值。模型每一环都代表了有助于成功安全领导的一个领导力维度。外环展现了组织文化中对实现安全卓越极其重要的具体要素，思考了组织文化有效安全领导力的成果。

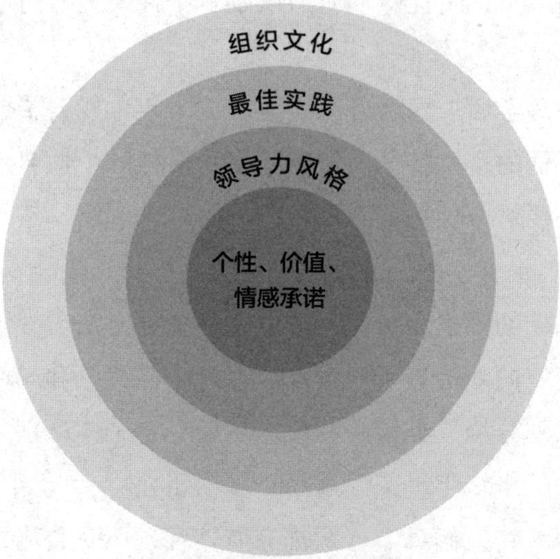

图 2-1 安全领导力模型

该模型为评估领导者和组织在安全领导力和组织文化方面的现状提供了基础。适用于个体领导者、领导群体或者是整个组织。

我们创建了这一模型，添加的每一个维度都要求可评估并经实证验证。因此，该模型整体来说有助于领导团队了解当前进展，以及为实现目标所需做出的努力。因为每一环都收集了大量的数据，个体领导者或组织可以将其作为评估工具，与全世界其他安全领导者和组织进行比较。

核心要素：个性、价值、情感承诺

本章我们将探讨模型内部的两环——个体方面安全领导力的核心要素，包括领导者的个性、价值、情感承诺和领导力风格。第三章我们将讨论领导力最佳实践，第四章我们将探讨组织文化。

领导者的个性

个性是指一个人在思考、感觉和行为方式方面的个体差别。我们都不一样，但是哪些倾向或是性情让我们有所区别？个性研究探讨了个体在具体特征和属性方面的独特性。

个性方面的心理学研究已经开展了至少五十年，发表了成千上万份研究成果，力图明确可评估的个性特征。制定了多种多样的个性名录和分类，各有千秋。某些情况下需要对个性特征和属性有一个综合理解，然而这方面的研究多年来却有所欠缺。

以计算机为基础的因素分析（一个复杂的统计方法）揭示了一项非常有趣的发现，使这项研究向前迈进了一大步。尽管个性特征和属性有好几十种，但因素分析显示可以划分为五类核心特征，从而界定个体区别，以大五类人格特征而闻名，在过去的十多年里广泛运用于多项研究。

这五项根本因素在人们身上普遍都有所体现，不受文化背景和跨越时间的限制。这项研究是个性心理学领域取得的一大进步。今天大五类人格特征作为个性根本维度得到了广泛认可，其产出的信息经证实富有预见性，尤其是在有效领导力评估方面。表 2–1 介绍了大五类人格特征的要素，并简要提出与安全领导者个性相关之处。

表 2–1 结合安全领导力的大五类人格特征

要素	核心概念	举例描述	与安全领导力的关联性
情绪稳定性	情绪稳定程度如何？	排解压力、焦虑、担忧、受挫、易怒、愤怒、喜怒无常以及感到不知所措等情况的能力如何？ 容易感觉受伤的程度如何？	成功的关系和思维方式要求一定程度的稳定性，但极端容易导致自满。
外向性	外向、善谈、积极以及主导性程度如何？	坚定自信的程度如何？ 融入以及交友能力如何？ 负责掌控以及成为焦点时，内心舒适程度如何？	外向性有助于建立联盟，从而培养良好关系，但极端可能产生空泛的愿景以及麻木自欺的行为。
学习导向性	想象力以及精神世界的延展性如何？	产生新鲜有趣的想法和方法的效率和速度如何？ 可以处理多少信息，理解事物的速度如何？ 词汇量的丰富程度以及难度如何？ 可以提升对话高度吗？ 寻求挑战性信息吗？	这一特征可以确保变革富有创造性和创新性，但如果不加以节制，会使领导者与其需要影响的群体脱节。
顺应性	对他人的需求和感觉感兴趣以及敏感程度如何？	有能力感激、同情或是照顾其他人吗？ 有能力与他人建立联系，并让对方放松吗？ 有能力与他人相处，并提供支持、指导以及帮助吗？	这一特征确保他们拥有面对他人的敏感度，富有同情心从而助其成长。极端情况可能会使领导者力度不足。
执着性	对他们而言，有组织可信赖的方法重要程度如何？	需要规则性、日程安排以及严守时间吗？ 关注细节吗？准备充分吗？ 是否会制订计划并有能力执行？	这一特征有助于有效关注细节，以及有序完成任务。极端情况可能导致过度关注任务而以牺牲关系为代价。

大五类人格特征评估

当你发现工作伙伴的工作方式有所不同，你所注意到的点很可能就在大五类人格特征维度内。个体个性的独特之处基本涵盖在大五类人格特征范畴内。

针对个性的五个基本方面评估，我们开发制定了一些个性评估工具，而且有大量研究显示这些工具有效，并且对领导力成功有一定预见性。我们改进安全领导力的任务就是适用这些研究，帮助安全领导者提高有效性。

领导者了解各自所处维度的重要意义在哪里。科学文献显示这些因素的分数与各方面的领导力和事业成功都有关联[①②③]。尽管个体领导者不太可能改变个性，但肯定可以通过一些关键行为弥补个性特征，并提高有效性。

大五类人格特征研究在安全领导力领域的运用

大量研究已经发表了有关安全领导力改进的数据。大五类人格特征变量已经显示出可以预测领导力的有效性和领导力的展现能力（谁会从群体中脱颖而出成为领导者）[④]。

研究显示，情绪稳定性、外向性以及学习导向性与领导力有效性之间有显著的统计学关联。另外，研究显示顺应性与领导力有效性相关，尽管关联性不

---

① Hogan, R., G.J. Curphy, and J. Hogan. 1994. "What We Know About Leadership: Effectiveness of Personality." American Psychologist. 49: 493–879.

② Hurtz, G.M. and J.J. Donovan. 2002. "Personality and Job Performance: The Big Five Revisited." Journal of Applied Psychology. 85: 869–879.

③ Mount, M.K., M.R. Barrick, and G.L. Stewart. 1998. "Five-Factor Model of Personality and Performance in Jobs Involving Interpersonal Interaction." Human Performance. 11: 145–165.

④ Judge, T.A., J.E. Bono, R. Ilies, and M.W. Gerhardt. 2002. "Personality and Leadership: A Qualitative and Quantitative Review." Journal of Applied Psychology. 87: 765–780.

如其他特征强。外向性和执着性最能体现领导力的展现能力。并不意外，顺应性可以预测要求高度人际交往类岗位的成功。

为了证实大五类人格特征的有效性，一项研究收集了224个家庭50年间的数据，发现童年时期评估的大五类人格特征对成年时期事业成功有显著的统计预测能力①。有些人可能并不会惊讶于这一发现，他们将孩子从小养育成人，注意到童年时期的某些特征延续到了成年时期，并且有助于获得事业成功。但从科学的角度阐述这些关系是另一回事。

这些与安全领导力有什么关系？有直接关系，也有间接关系。领导力有效性和领导力展现能力都与安全领导的选拔和培养有高度关联性。有效的领导者一般倾向于成为有效的安全领导者。

不难发现大五类人格特征当中的每一个特征与安全领导力有效性之间的直接联系。（表2–2）

表2–2 大五类人格特征对安全领导力有效性的影响

因素	领导力影响
情绪稳定性	高度稳定性可以让领导者在安全危机中保持冷静。另外，领导者可以与其他人保持距离。稳定性非常高的领导者可能对反馈无动于衷。较低稳定性的领导者可能会导致人际关系紧张，难以在实现安全目标和目的的过程中得到他人的支持。
外向性	外向的安全领导者更有可能全面展开工作，或者是就安全问题与他人保持联系。动员其他人参与安全互动对安全领导力而言至关重要，外向的领导者会觉得这是一件很自然的事情。然而，极端情况下，外向性可能会被视为浅薄。内向的安全领导者可能不太容易与他人接近，而且需要想办法弥补这一点。
学习导向性	具有学术学习风格的领导者会觉得相关安全书籍、文章和演讲有趣，有激励作用。他或她倾向于接近同样的人，但这也可能并不是他们倾向的风格。相似地，喜欢在工作中学习的领导者在培训或是启发更富有学术风格的人时会面临类似的挑战。

① Judge, T.A., C.A. Higgens, C.J. Thoreson, and M.R. Barrick. 1999, "The Big Five Personality Traits, General Mental Ability, and Career Success across the Life Span." Personnel Psychology. 52: 621–652.

续表

因素	领导力影响
顺应性	高度顺应性的安全领导者倾向于富有安全动机所需要的同情心。然而，极端情况下，这样的领导者可能力度不够。低顺应性的安全领导者需要想办法弥补并设计他的个人动机。
执着性	高度执着性的安全领导者自然会倾向于注意到实现高水平安全绩效所必需的大量细节。极端情况下，可能会失去全局意识，过于关注日常问题，一心抓合规性问题。执着性程度较低的安全领导者可能会有很多想法，但是可信性不高。

应用研究结果改进安全领导力

这些发现显示领导者的个性结构对其成功具有重要意义。但是如果说你儿时具有的个性会影响你 50 年后的领导力，是否意味着你受出生时的个性所局限，一切都是注定的?

事实上你或许无法改变个性，即使你想要改变，也未必能变。幸运的是，并不是一定要改。根据大五类人格特征划分，优秀安全领导者的个性多种多样。

如果个性特征预测了领导力绩效，又怎么会这样呢? 比如，数据显示外向性与领导力展现的关系最强。如果让你想象一位优秀的安全领导者，脑海里浮现的应该不会是一个整天坐在办公室，只与电脑互动的人。但是有一些优秀的安全领导者在外向性方面并不凸显。他们可以成为成功的安全领导者，是因为他们学会通过利他行为弥补较低的外向性。他们无法改变个性，但是可以改变行为和互动方式。

较低的情绪稳定性与领导力困境和较低的事业成功率相关联，因为这可以影响思维过程，进而影响决策，也可能会导致关系困境。然而，重要的一点是，这些问题的出现并不是必然的。情绪稳定性低的人可以通过学习自我管理行为弥补这一点，而其他人不需要。

这就是说我们都具有一些特征，可以自然而然地掌握一些技巧和能力。但这些特征的缺失并不会局限我们，只是要求我们要有学习新的行为的意愿。了解你自己在大五类人格特征当中的评分，有助于了解你更倾向于成为哪一种领导者，在哪些方面需要采取弥补性行为，从而提高有效性。

了解评分也可以作为参考，明确哪些应该改变，哪些不应该改变。比如，如果你外向性较低，你可能与自己的本性展开艰苦卓绝的斗争，试图让自己成为一个善于与他人打交道的人。成为聚会的中心人物并不是真实的你。另外，多用一些额外的时间一对一地和你的每一个下属进行沟通，可能对你而言相对容易也至关重要。外向性低的领导者和外向的人一样通过关系发挥领导力，只是他们采取一对一的方式更容易获得成功。

领导者如何运用大五类人格特征改进安全效能

西部一家大型石油公司的高级副总裁需要大量裁员。他希望大家能够尽可能积极地接受这一变革，不要产生任何不利于安全的影响。他打算在其辖内四家炼油厂分别召开全体员工的特殊会议，提供长久以来（令人担心的）重组相关的重要信息，此次重组会导致人员削减。他计划在会议期间，指出需要在裁员期间提高安全警惕性。

这位领导者在安全卓越方面非常聪明，积极性很高。他技术娴熟，在组织内德高望重。他明白要将正确的信息传达给炼油厂上下所有人员，才能实现想要的成功。他看到过其他领导者面向大群员工讲话，做的事情也正是他需要做的。他们会发自内心地讲话，动人又干脆地说明情况，以及为何变革势在必行，然后他们就会赢得群体认同。他了解需要做什么，而且他有动力做好。

然而，他有些担心这个任务，没有十足的把握是否可以做得足够好。一直以来，全体员工大会都会让他有些不安，尽管如此，他也因为其他强项而有所提高。你觉得他外向性分数如何？当然非常低。他从来都没有办法自然地在众多听众面前有效地讲话，当前的情况要求他谈论一个有些困难而且不受欢迎的话题。如果你是这位领导者的教练，你会如何建议？他应该强迫自己努力成为一个有魅力的发言人吗？他应该让其他人代替他发言吗？

这位副总裁和他的教练讨论了当前的情况，将他的沟通计划做了不大却又至关重要的调整。他决定全体员工大会尽量简洁，只提及需要所有人同时了解的即将发生的变革内容。他也会宣布接下来的几天，他和炼油厂经理将会用所有的时间与厂内个人和小组会谈，谈论变革的细节，以及对大家安全的关心。

这种方法让这位领导者感觉更安心。一对一或者分小组时，他更有能力“做自己”，因此可以更有说服力地传递信息。结果就是他不仅成功地推动了变革，也确保了安全过渡。了解如何从行为上进行弥补，明白哪些不应试图做出改变，是基于大五类人格特征进行个人评估的两大显著益处。这种自我认知也提高了领导者处理关系的能力。这点对于安全领导力而言尤其重要，因为同情心可能对于其他类型的领导者而言没有这么重要，同情心是随着培养真正有意义的关系能力而增长的。

领导者对自己作为人类而具有独特优势和不足的认知，使其有机会培养同理心和同情心。这是优秀安全领导者所必需的品质。培养这些品质并不意味着要放弃什么。恰恰相反，这意味着成熟，对人性更深远的感知。

这些思考将我们带入模型内环的下一个方面——价值。

领导者在安全方面的价值和情感承诺

“价值”一词表达了值得或愿望的概念。价值分两种：内在和外在。内在价值因其自身而具有价值，他们本身就是目标，而且因为他们描绘了我们认为大家*应该*追寻的，所以有道德输入。外在价值，相对应地只有在作为达成目标的手段时才具有价值，而且他们的输入在于实用。

得到提升、拥有个人权利以及获得名望都是典型的外在价值。头衔、权利以及名望都是因为有用而被认为有价值。人的生命、道德、责任感或职责以及个人幸福是内在价值的代表。因其自身而富有价值而非实用性。不能说哪个人有道德责任而变得强大，但可以断言人们应该重视人类生命和幸福。

外在的价值是衍生的，通过提升内在价值的能力而实现价值。比如，金钱有价值的原因是可以提升人的快乐和幸福感。

好的领导者对外在价值有敏感度。因此他或她可以促使组织关注并致力于实现正确的目标——实现盈利最大化。然而，与此同时，优秀的领导者也对内在价值有敏感度。他深信并全心全意致力于个体价值。这种信念就是对每一个员工个体健康与安全的情感承诺。

一位来自拥有 2.5 万名员工的制造型组织的高级领导如此描述那些感觉：“当我担任运营副总裁时，我的孩子们到了上大学的年龄，从家里搬了出去。当电话突然响起时，有时是清晨，我最先想到的是他们。他们还好吗，还是出了什么问题才突然来电话？幸运的是，我从来没有接到电话说是我的孩子受到了伤害。但我接到过电话说是我们的员工受到了伤害。每次接到这样的电话，我的想法都一样。在组织中，我们就是一家人，我对员工承担的责任就像我对家人承担的责任一样。”

优秀的安全领导者具备这种情感承诺，因为他不仅是将组织的员工看作一种资源或是匿名群体。如果公司规模很大，一位高层领导可能无法认出每一位员工，但他深刻地明白，他们每一个人都是个体，和他一样体验着本质上同样珍贵的生命。他十分能够感同身受，并尊重这一事实。

成为一名有效的安全领导者需要有所付出，通常来说，成为一名优秀的领导者付出的更多，也正是这种意识和感觉，这种情感承诺让一切有所不同。要具备相当程度的同理心、同情心以及成熟度。所有领导者都可以具备这些品质，但是必须接受教育和培养。大多数人具备这些品质，但许多人并不知道如何有效结合工作领导角色以及人物角色发挥这些品质，让这些品质恰如其分地发挥作用并得以彰显。

为什么这点很重要？为什么值得做出努力？因为我们珍视的也正是我们所追求的，而且一位领导者的价值观将影响组织的发展方向。领导者的价值观在他或她所营造的文化中贯彻始终。比如，如果一位领导者一心攫取外在价值（或者这只是员工的看法），就会不经意营造出一种员工以产值或盈利为借口而投机取巧的组织文化。至少，会形成一种员工得不到充分照顾的文化，组织安全绩效停滞不前，滋生了重大伤害和死亡事故的可能。

内在价值对于组织和个体员工而言都是一种行为和文化保险单，是避免二者遭遇麻烦的边界。

但不仅限于此，因为外在价值通过与内在价值的关系得以体现，忽视这些价值的领导者最终无法将员工行为与动机联系起来。人们不想只是为了钱而工作。他们想做一些有价值的工作。如果领导者忽视了内在价值，或者更糟的是在外在价值和内在价值之间制造矛盾，员工士气和积极性就会受到影响。相反，如果领导者重视员工的内在价值，就会极大提升员工的参与度。

因此，领导者了解自己真正重视哪一方面具有重要意义。对他人具有同情心是我们大多数人都具备的基本核心情感。但日常组织工作中的压力和挫败感可能会掩盖这一点。有些领导者自然而然具备这种极其重要的同情心，有些人却不是。对于后者，组织中最高级别的领导者有责任唤醒其他领导者的这一意识。

了解我们真正重视的——珍视安全，是实现有效安全领导的必要的不充分条件。就人类本性而言，我们眼中的自己和别人眼中的我们往往并不一样。你可能觉得自己富有同情心，重视工作中的伙伴，你可能确实也是这种人。但别人不会根据你的自我感觉或者是意愿来评价你，而是根据你的行为、你的言行、你做出的决策以及你和他们沟通的方式来评价你。

第三章探讨了优秀安全领导者所展现的具体行为。但首先，我们会了解领导力风格的重要性。

领导力风格

多年以来，在研究文献中，领导力风格的划分存在很多种方式。近年来，从各种维度汇总为两种经典类型：*交易型领导力*和*变革型领导力*（还有另一种

放任式领导力，但确实造成了领导责任的缺失[①]）。越来越多的证据表明交易型领导力和变革型领导力并不相互排斥，不同情况需要不同的风格，优秀的领导者善于结合实际情况切换风格。[②]

交易型领导力

这种领导力风格有关绩效和奖励之间的关系，假设员工和领导者都因自身利益而获得激励。“交易型”一词是指领导者和他或她的追随者之间的关系所具有的交换本质。优秀的交易型领导者可以创造条件，协调自身与员工之间的利益。

交易型领导力可以积极主动或消极被动。前者是指领导者积极沟通预期，对绩效进行监控，并加强。研究文献认为交易型领导力具有*建设性意义*。消极被动的情况是指领导者在问题出现时，进行恰当的反应，称为*纠正式*交易型领导力（corrective transactional leadership）或*例外管理*。研究文献强有力地论证了纠正式交易型领导力富有建设性的优势，尽管极少数领导者以权谋私。[③]

所有的交易型领导力也被称作*任务取向*领导力（task-oriented leadership），本质上具有保守性，是保留已有文化内容、组织实践和过程的重要领导力风格，旨在在当前背景下完成任务，在稳定环境中做到最好。

变革型领导力

具有这种领导力的人关注未来，本质上有发展性。当任务内容有关打破僵局、组织内重大变革或是培养未来领导者——旨在改变组织及其员工时，这种类型的领导力最具有价值。也被称为*关系取向*、*魅力或启发式*领导力。变革型

---

① Antonakis, J., A. T. Cianciolo, and R. J. Sternberg, (Editors). 2004. The Nature of Leadership. Thousand Oaks: Sage Publications.

② Avolio, B. J. 1999. Full Leadership Development: Building the Vital Forces in Organizations. Thousand Oaks: Sage Publications.

③ Avolio, B. J. Op cit.

领导者的作用在于启发员工不要局限于自身利益。

世界大企业联合会首席执行官挑战 2014（The Conference Board's CEO Challenge 2014）列出了全球 539 位首席执行官所选出的十大关注点（共 62 个选项）。前 6 名当中有 5 名显然需要强有力的变革型领导力技巧，而且事实上能否成功应对这些挑战都与领导力类型有关。

1. 可持续稳定地高质量增长
2. 应对变化的速度、灵活性和适应性
3. 客户忠诚度以及维系
4. 促进创新/创造力/赋能型企业家精神
5. 创新的费用/能力
6. 配备有才能的经理/管理人员
7. 严格的成本控制
8. 接班人计划
9. 把握在亚洲扩大/发展的机遇
10. 公司内部知识/理念/实践的传递

显然，这种领导力在当今的环境背景下至关重要，在安全领域尤其如此。几项研究表明高水平的变革型领导力可以带来优秀的安全绩效[①]。变革型领导者采取积极进取的具体行动应对已识别的安全性问题和事件，从而实现了绩效的提升。

因为两种类型的领导力有所区别，二者所特有的优点和行为也不同。主要的区别参见表 2–3。

哪种类型更适合安全领导力？有研究文献显示，变革型领导力相较于交易

① Karling, J., C. Loughlin and E.K. Kelloway. 2002. "Development and Test of a Model Linking Safety-Specific Transformational Leadership and Occupational Safety." Journal of Applied Psychology. 87: 488–496.

型领导力，大体上可以实现更高水平的绩效。[①]通过观察表 2–3 中两种类型的区别，你可能会发现这是因为变革型领导力将员工的内在价值与组织的愿景联系起来，更充分地激励了员工，调动了其积极性。在变革型领导力影响的环境下，员工受他们本身的内在价值驱动，而不只是为了工资。这种领导力的关键在于有效地调动了员工内在价值。

然而事实上，如果没有高超的交易技巧，你也无法成为一名有效的变革型领导者，对于优秀的安全领导力而言，两种类型都不可或缺。

表 2–3 两种领导力类型的区别

	交易型领导力	变革型领导力
行为准则	高度利己主义，以自身利益为行为准则；通过契约关系和公平交易寻求互惠互利。	以为最广泛的群体寻求最大的利益为行为准则；通过双赢策略以及平衡各方需要，力求解决价值冲突。
动机	强调绩效和奖励之间的联系，比如，制定明确的预期，进行监控并提供反馈。	营造对愿景的热情，对领导者、机构以及预期未来的忠诚；比如，创造并富有激情地沟通一个有意义的愿景。发挥模范和带动作用。
工作范围	协商绩效/奖励对等。	期望大家可以超越自身利益，为集体谋求利益，并以身作则。
关系	以任务为主，可靠公平，但并不一定亲自参与。	以人为主，亲自融入员工队伍，考虑他们个体需求，比如，努力帮助他们实现个人抱负。随着时间的变化，将跟随者培养成为领导者。
重点	强调完成任务；并不鼓励新方案或创新；认为失败是生产的阻碍。	鼓励新方案，积极挑战老方法；强调采取创新和更好的方法完成任务；认为失败是学习的机遇。
沟通	不会给员工提供完成预期工作所需信息之外的更多信息。	广泛分享宏观信息，鼓励其他人沟通并表达观点。
员工影响	纠正式和建设性方法之间有很大差异，员工更喜欢后者。	通常追随者倾向变革型风格；人员流动率更低。

① Avolio, R. J. Op cit.

交易型安全领导者活动

交易型安全领导者需要做好预期，清楚地安排任务优先顺序，积极监控遵从性，并促进成功。比如，许多安全体系要素的构建需要保持并加强。领导者需要确保组织所有的启动和安全体系正常运转，而且需要其亲自参与评估这些体系的审计数据，系统有效地处理结果。如果领导者是首席执行官，他可能需要确保他的下属熟悉这些内容。这些活动的开展都需要交易型风格和交易型行为。

变革型安全领导者活动

变革型安全领导者也有责任建立强有力的安全文化，这就不可避免地涉及文化变革和组织发展，可能也需要发展组织中各个级别在安全领导力方面的后备力量。领导者需要构建安全在组织未来以及应对挑战方面发挥战略作用的愿景，并且培养可以开展文化改革实现这一愿景的领导者。这些活动显然是最高级别领导者的职责范畴，而且需要变革型领导力风格。

研究显示，如果领导者在如何奖励表现卓越的员工方面几乎没有或者完全没有控制权，变革型领导力会比交易型领导力更有效。这一发现对安全领导力而言具有重要意义，因为该领域往往正是如此，工作人员工作时通常没有持续不断地直接监管，又面临着许多压力，促使他们想要走捷径。如果他们完成工作的方法不安全，领导者可能只看到工作完成了，并不了解过程是否安全。越是高级别的领导，这一问题越严重。

培养模式

与个性不同，领导者的风格可以后天养成。风格是有关他*如何*把握机遇、普遍关注的内容、忽视的内容、选择性关注的内容以及工作指派。这些都与行为相关，在领导者的控制范围内。

如果一个领导者想要在两种领导力风格当中选择一种进而有所提升，重要的一点是他清楚了解自己的天然素质。个性因素容易受风格倾向影响，但并不是决定性因素。比如，外向性容易促使安全领导者形成变革型风格，进而影响安全绩效。然而外向性程度不高的领导者可以通过学习成为非常强大的变革型领导者。他们或许不得不做出更多的努力，并且依赖个性的其他方面，但一样可以成为有效的领导者。

变革型领导力风格一般可以通过一个360度诊断工具来评估。通常评估以下四个变量：

挑战性——为下属提供源源不断富有挑战性的新想法，旨在重新思考老旧条框；挑战功能异常的固有模式；推动理性谨慎地解决问题。

动员性——帮助他人致力于既定目标；根据需要提供培训、指导、反馈以及关心，建立个人需要和组织使命之间的联系。

鼓舞性——制定高标准，富有激情地传达具体目标；清楚地表达令人信服的愿景，以及实现这一愿景的信心。

影响性——树立集体利益高于一切，为实现组织愿景而努力的使命感，获得自信、尊重和信任，考虑决策的道德影响力，顺应他人最重要的价值和信仰，灌输自豪感，将这些行为设立为榜样。

使用360度诊断工具有助于领导者了解应该关注哪些方面，从而加强变革领导力。实际上，要做到这一点需要关注适当的领导力最佳实践，下一章节将进行阐述。

第三章 安全领导力模型第二部分：安全领导力最佳实践

- 安全领域领导力的核心作用
- 领导力VS管理
- 安全领导力最佳实践
- 评估安全领导力最佳实践以及领导力风格
- 展望

安全领域领导力的核心作用

本书前言中提到我们在研究中发现领导力是预测安全举措成功与否的核心变量。在引言和第一章中，我们讨论了安全如何对组织卓越发挥预示作用，如何做到引领安全，我们也举例介绍了做到这些的知名组织领导者。第二章我们探讨了领导者的个性、价值和情感承诺，以及领导力风格。

现在我们来看构成安全领导力本身的具体最佳实践：*优秀的领导者怎么做？成为一名优秀的安全领导者和一般的优秀领导者有什么区别，或者是一样？*

我们都已经了解了优秀的安全领导者致力于安全，并与卓越的领导力相结合，对组织安全具有强烈的积极影响。本章讲述了这些领导者做了哪些事情，使其区别于其他人成为优秀的安全领导者。需要牢记的是组织中各个级别都需要这样的领导者。可以是正式或非正式的领导者。如果我们了解了他们固定的行为模式，就可以将组织内其他领导者培养成为和他们一样的人。

这一切基于这样一个前提：*提升*组织安全性，本质上与领导力营造的强大组织文化和安全氛围有关。在这样的环境中，启动安全体系的发展壮大，维持安全体系的配置妥当，通过减少危险暴露，不断提升工作界面的安全性。

安全改进最困难的方面不在于安全体系和机制的执行。这些内容是基本的，相对容易而且可以进行管理，难点在于营造出以安全为驱动价值的文化。领导力正是源于此处。营造这样的文化或是相反的文化，正是由领导者完成的。

领导力VS管理

有关领导力和管理的区别有很多论述，所以此处我们仅作简要概括。本书意在区分为了完成任务而做事的行为，和领导者完成任务的方式。[①]图 3–1 阐述

① Kouzes, J. and B. Posner. 1995. The Leadership Challenge. San Francisco: Jossey-Bass, Inc.

了这一区别。管理行为告诉别人做什么：制定培训项目，在特定时间执行任务，现在开始工作，晚些停止。号召工人的思想，让他们采取行动。

领导力相对应地更倾向于*如何*在顺应组织整体目标的范畴内完成任务。从内心深处动员工人，影响他们的动机级别以及与工作的关联性。

安全领域表现最好的组织拥有有效的领导者以及管理人员，他们不仅可以有预见性地进行管理，他们的下属也能够理解为什么要采取这样的方式完成工作、为什么这一点关系到组织更大目标的实现以及为什么这一点具有重要意义。

安全领导力最佳实践

在和多家组织的安全领导者共事的过程中，我们发现有效的安全领导者相关的一系列最佳实践要素和行为营造了强有力的组织文化和安全氛围。

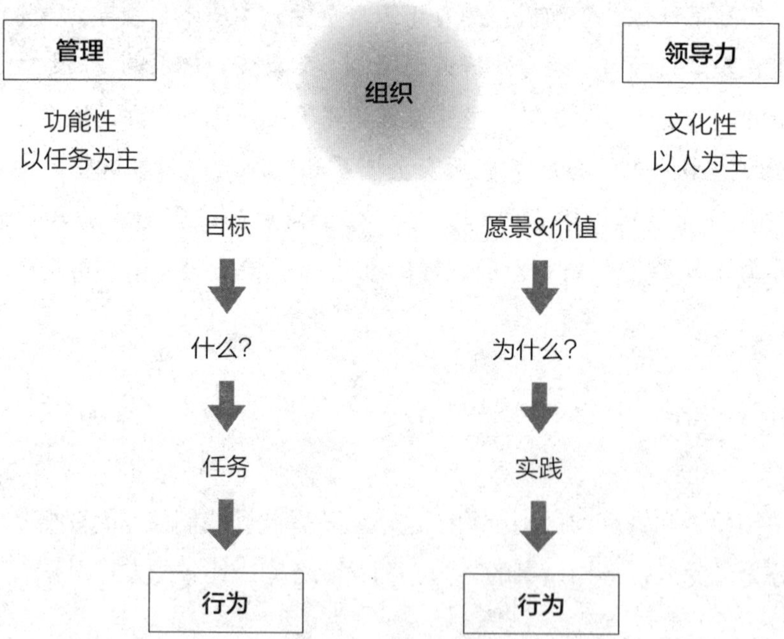

图 3-1 领导力VS管理

安全领导力卓越的七个最佳实践要素：

1. 愿景

2. 可信性

3. 行动导向

4. 协作

5. 沟通

6. 认可与反馈

7. 问责制

这些实践要素对领导力普遍具有重要价值，但我们结合安全提炼出这几点。有效的一般领导者如果充分重视安全问题就也是有效的安全领导者。有效的安全领导者倾向于有效的一般领导者。培养学习成功引领安全的领导者会让组织在诸多方面获益。

从相互联系的角度考虑这些实践要素会有所帮助，他们互为基础。想要实现最佳实践的领导者能够以这样的方式进行思考，不失为英明。我们先逐一介绍这些实践要素，再探讨如何进行评估。

安全领导力就领导者而言，首先是*愿景*：

我可以预见未来状态，并且能够以他人信服的方式进行描述。我的效力很大程度上取决于他人对我可信性的认知。如果别人认为我不可靠，就不会认真看待我提出的愿景。只有做到始终如一，言出必行，即使不受主流认可也坚持真相，我提出有关未来安全的内容才真正有意义并具有影响力。

如果我有一个愿景，并且可以有效沟通，而且我是一个可信的人，我也需要有强大的行动导向。清楚了解事实之后，相应做出决策。做决策时，不犹豫。我在组织内就安全问题与他人积极合作。在做出影响他人的最终决策之前，我会同他人进行商议。我了解必须在安全问题沟通中做到卓越，才能发挥作用。

为实现安全卓越做好准备，当看到事情按照预想的方向发生改变时，我做好了提供反馈和认可的准备。人们改变行为时，我能够注意到，并且让他们知

道我注意到了，而且欣赏他们的改变。最后，我了解问责制的价值，我要求大家对正确行事之后产生的结果负责。

要注意的是前两个实践要素——愿景和可信性，是其他几点的基础，两者从根本上来说都是先行的，从行为分析角度来说，是行为的触发条件（参见第五章）。行动导向、协作以及沟通从根本上也是先行的，与过程相关，是对组织必须完成的诸多任务的持续维护。最后两个实践要素*提供后果*。这些实践遵循实现提升所需采取的行为，并起到强化作用。

愿景

优秀的安全领导者对安全的未来状态具有清晰的了解，并且能够以令人信服的方式进行清楚的表达。愿景是许多领导者缺乏或觉得有困难的一种品质。其他人可能天生就有这种能力或是认为这一点理所当然。安全愿景的本质是有能力“看到”未来想要实现的状态是什么样，和当前的状态有什么区别？人们的言行和今天相比又有什么不一样？会做出哪些不一样的决策，又是哪些设想促成了这些决策？如果出现奇迹，你能够改变当下的组织安全文化氛围，明天又会出现怎样的不同？有效的安全领导者需要有能力清楚地看到这些，并以令人信服的方式进行表达（图 3–2）。

愿景的描述如何令人信服？某种程度上，这是领导者的一种能力：能够有理有据，富有激情地进行描述。某种程度上，这是领导者的个人可信性。

可信性

优秀的安全领导者具有高水平的可信性，拥有直接下属，就职于较大规模的组织。人们相信他们所说的话，相信他们所说的是事实，即使并不受欢迎或者反响不好，但大家知道他们不为私利。最重要的是，他们言行一致，而且被大家看在眼里，仅仅做到言行一致并不够，有效的安全领导者也必须*被他人视为*始终如一（图 3–3）。

愿景

- 行为方式体现出在安全方面较高的个人标准
- 帮助他人质疑并反复思考有关安全的设想
- 通过语言和行为传达组织的愿景
- 表达考虑并接受新想法的意愿
- 帮助他人考虑自己行为对他人安全，以及组织安全文化的影响
- 在安全愿景以及价值方面，挑战并鼓舞他人
- 对未来给出令人信服的描述

图 3-2 在安全领域表现出愿景的行为

可信性

- 向自己和他人承认错误
- “支持”直接下属，代表并支持高级管理群体的利益
- 提供有关安全绩效的真实信息，即使不受欢迎
- 询问有关改善个人绩效的意见
- 制定和执行安全标准方面做到始终如一
- 愿意做出不受欢迎或涉及个人风险的安全相关决策
- 表现出个人对员工福利的关心
- 做出的承诺能够坚持到底
- 尊重并重视他人

图 3-3 在安全领域表现出可信性的行为

行动导向

优秀的安全领导者需要树立一种愿意在适当的时机，在安全问题方面采取行动的形象。这一点会加强可信性，也倾向于自然而然地产生。出现安全问题必须做出决策：停止进行还是继续，现在进行维护还是晚些进行维护，使用必要手段从根本上解决风险还是采取权宜之策缓解问题。行动导向意味着坚持不懈、创新性以及个人紧迫感（图 3–4）。

行动导向

- 在解决安全问题方面，具有前瞻性，而非被动响应
- 针对安全问题，做出及时周全的反应
- 展现出个人紧迫感以及追求安全成果的精神
- 以绩效为导向，追求速度与卓越
- 将安全作为重中之重
- 在解决安全问题方面坚持不懈
- 不遗余力促进安全改进计划成功开展
- 善于把握安全改进机遇
- 在改进安全方面具有创造力和创新性

图 3–4 在安全领域表现出行动导向的行为

协作

协作是优秀安全领导力重要的一面。本质上也就是“一起工作”。最初，“协作”一词是指科学家和其他人共同致力于对知识的追求。在商业和产业领域，倾向于在制定决策前采取他人观点。“80 秒”（80s）开辟了对员工参与和分享的重视，自此，这一词汇在领导力领域得到了广泛传播。

为什么协作对有效安全领导力具有关键意义？因为安全牵涉组织的各个方

面，各个级别。营造正确的安全文化，要求每一位员工理解并且认同核心概念、相关行为以及有助于实现安全卓越的决策。这种认同更有可能发生在更有意义的级别上，比如在员工有所参与，并且感受到个人对成果取得具有重要意义的时候。参与和协作会产生认同，独立决策不利于此（图 3–5）。

协作

- 促进安全领域的合作和协作
- 要求并鼓励大家针对切身的问题提出意见
- 帮助他人解决各自的安全相关问题
- 鼓励他人为实现安全改进而执行决策和解决方案
- 寻求并遵从意见多样性
- 在其他能力方面表现出自信
- 支持他人独自做出的决定
- 在做出改变前，获取他人的承诺

图 3–5 在安全领域表现出协作的行为

沟通

当然，沟通对于有效安全领导力而言至关重要。然而，说是一回事，做是另外一回事。这一点适用于组织中各个级别的领导。尽管了解沟通的重要性，我们的绩效和文化还是会因缺乏有效沟通造成影响。

更糟糕的是，我们从小习惯了缺乏沟通，并且默默地接受了这一事实。有效的安全领导者必须扫除安全沟通的障碍。这一点对安全能力而言很关键，因为沟通有助于认同和参与，而且安全有效性的本质在于每一个员工都必须了解安全问题所在，以及如何解决（图 3–6）。

沟通

- 鼓励大家就安全问题给出坦率完整的信息，即使信息不受欢迎
- 让大家对安全问题有全局的了解
- 在组织内部各个级别间，建立经常有效的沟通
- 与直接下属积极沟通讨论安全信息
- 与大家分享安全政策和程序的背景和原因
- 积极听取并尊重提出的安全性问题
- 建设性地表达自己的想法
- 征求别人的意见
- 确保他人在提出问题和想法时感觉舒适并且有安全感

图 3-6 在安全领域表现出沟通的行为

认可与反馈

认可与反馈并不是安全激励方案。我们在别处写过这些方法并不可取。我们的经验表明，安全激励方案通常对组织文化具有负面影响，而非积极作用。

认可与反馈的核心原则在于当领导者注意到积极变化并做出响应时，绩效有所提升。这种响应不一定是正式的或财务方面的，但一定是一以贯之的，特别是在出现新的行为，需要加强从而成为文化中既定部分的时候。

优秀的安全领导者注意到下属以及更大组织的行为，设定对行为和实践的预期、定期监控，并在行为出现时，提供快速—必然—积极的反馈（参见第五章），特定情况下也会有消极反馈。但绝大多数情况下，快速—必然—积极的反馈最有效（图 3-7）。

认可与反馈

- 公开认可他人的贡献
- 乐于认可他人在安全工作方面表现优秀
- 更多表扬安全领域的努力，而非批评
- 给予良好绩效以积极反馈和认可
- 想方设法庆祝安全领域取得的成就

图 3-7 在安全领域表现出认可与反馈的行为

问责制

这是列表中最后一项实践要素，其有效性建立在其他几项实践要素的基础之上。然而，在我们提供过咨询的大多数组织中，这是安全领导者所体现得最坚定的一项特质。这种情况的危险在于赤裸裸的问责制容易导致怨恨和不信任的环境。员工知道自己需要承担责任，但没有获得完成任务所需的资源、信息、领导力、支持以及鼓励。

当问责制之前的六项实践要素均已就位，最后一项实践要素理解起来就容易多了，有效性也更高。我们在别处已经写过很多有关问责制的内容[①]，此处将仅做简述。在安全领域，员工需要负责的范畴很关键。*只有统计学角度上的数字有效*，让员工对事故频率负责*才有意义*。*我们*应该对产生结果的活动进行评估，并相应建立问责制（图 3-8）。

① Kraines, G. A, M.D. 2001. Accountability Leadership: How to Strengthen Productivity through Sound Managerial Leadership. Franklin Lakes: Career Press.

问责制

- 就安全领域的努力和成果给予公平的评价
- 清楚沟通大家在安全领域的角色
- 培养大家对各自组织单位安全水平的责任感
- 要求大家对实现自我承诺负责
- 定期审查直接下属安全绩效方面的指标

图 3-8 在安全领域表现出问责制的行为

评估安全领导力最佳实践以及领导力风格

我们发现评估领导力风格以及最佳实践的有效方式是问询领导者周边的人对他或她的认知。可以使用的工具有很多种，我们采用了领导力诊断工具（LDI），我们的客户发现其在个人和集体的反馈方面都很有帮助。如果需要领导力辅导，可以使用领导力诊断工具先做好准备。

通过百分位数体现，每位领导者可以在大型数据库中与其他领导者的分数进行比较。这自然而然就会促成个人安全领导者制订行动计划。根据诊断工具的反馈，哪些行为需要改变呢（图 3–9）？

展望

我们研究了有效安全领导力的关键要素，包括领导者的个性、价值以及情感承诺，然后是领导力风格和最佳实践。接下来，我们了解一下组织在具备这些领导力品质时所营造的组织文化。

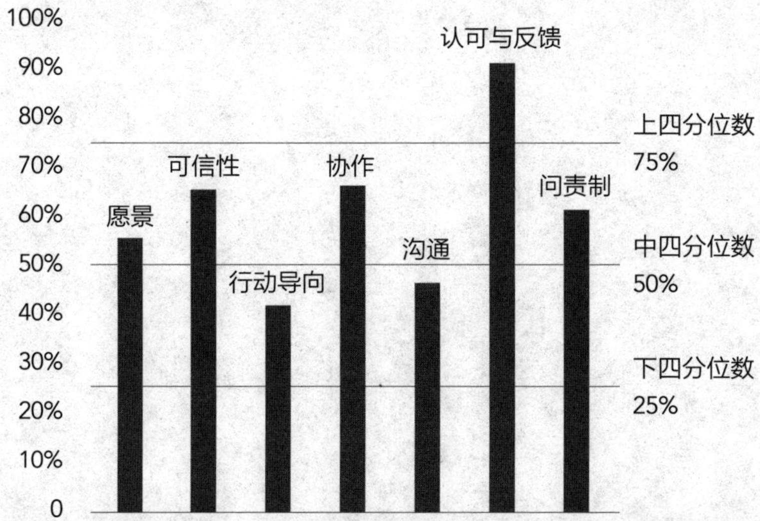

图 3-9 展示的一份样本报告：以百分位数表现领导力诊断工具报告最佳实践得分的样本

第四章 安全领导力模型第三部分：理解组织文化和安全氛围

本章与金·斯洛特（Kim Sloat）博士联合著作

- 定义组织文化和安全氛围的主要维度
- 为什么有些组织更容易应对变化
- 评估组织文化和安全氛围：组织文化诊断工具
- 组织维度
- 团队维度
- 特定安全维度
- 总结

目前，本书探讨了有效安全领导力的三个关键方面：（1）个性、价值、情感承诺；（2）领导力风格；（3）最佳实践，剩下的外环内容，即有关组织文化和安全氛围正是本章主题。

有关组织文化方面，我们经常会听到“文化”这个词。“他不理解我们的文化。”“改进这部分绩效，会为文化方面带来改变。”但使用这个词和真正理解其含义是两件不同的事情。在我们与各种组织共同致力于安全改进的过程中，*领导者往往没能理解其在组织文化方面做出决策的意义*。

因为组织文化不是流于表面，所以可能很难被理解。我们通常不会明确声明驱动组织的价值，而是想当然地认为是这样。在某种意义上，大家都知道这些情况，但是，我们却忽略这种可见性的缺乏会造成严重的后果。

我们举个例子。如果我们的组织文化有一种“完成任务”的价值。我们的首席执行官作为驱动者愿意提供资源实现目标，但是期望每个方面都能取得成绩，结果就是每个业务组都积极进取，目标明确，每位组长驱动组织取得成果。这些维度如何对我们的文化产生影响，与我们的安全绩效有什么关系？

努力驱动实现目标是件好事。制定目标的高级领导者计划的是在实现目标的过程中遵循一定的标准和实践，而且在这个过程中，安全是最重要的，但当努力驱动实现目标落实到工厂层面时，会为生产营造一种强烈的文化价值，并对安全性进行妥协和让步。我们合作过的组织中，不止一家在这方面有过教训。

许多致命事故的调查结果显示，基于短期生产目标的决策为安全性的妥协和让步奠定了基础。这并不是说安全性和生产力需要有所取舍，事实上，最安全的工厂往往也是产能最高的，但这也确实说明领导者可能在不知情的情况下对文化产生了影响。

定义组织文化和安全氛围的主要维度

我们查阅了 50 多份研究文献，选出定义组织文化和安全氛围的九大维度，见图 4–1。每一个维度经证实均可以预测安全成果。[①]

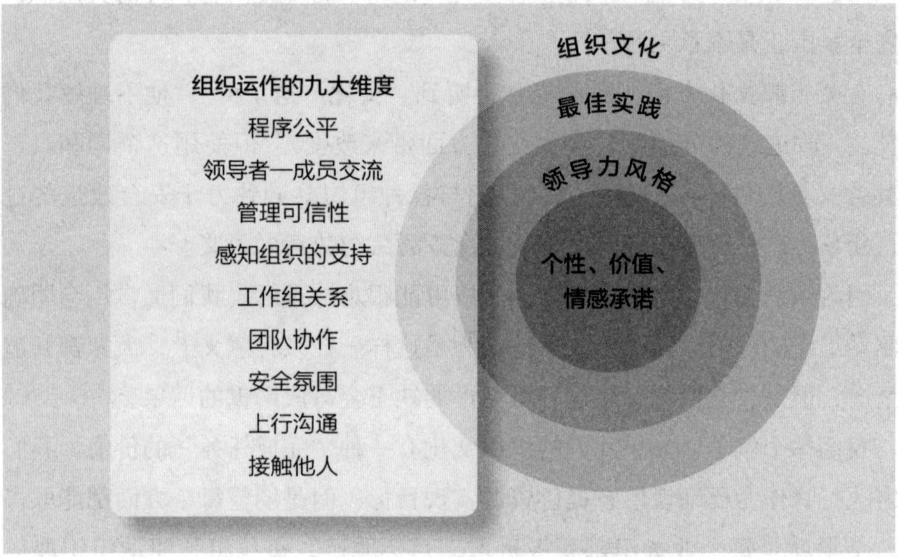

图 4–1 安全领导力模型中组织运作的九大维度

为什么有些组织更容易应对变化

随着对组织绩效改进压力的增加，员工除了要履行传统职责，也要在工作中承担更多的责任。有些组织的员工比较容易应对挑战，无论何时都可以确保目标的达成；有些组织的变革会遇到阻力，员工不愿意扩大工作范围。是什么决定员工对变革的响应？为什么有些机构易于适应，而有些机构却很难达成？既然许多组织发现必须通过根本的“文化变革”来实现安全性卓越，那对这一问题进行充分的解答对于改进安全而言具有重要意义。

① Hofmann, D.A. 1999. A Review of Recent Safety Literature and the Development of a Model for Behavior Safety. Ojai, CA: Behavioral Science Technology, Inc.

组织运作的九大维度对理解组织变革也十分重要。变革工作并非发生在隔绝的环境中，组织成员通常相处已久。一位管理者可能和他的领导及同事有过成千上万次的互动，可能接触了很多监管人员，每一位监管人员可能关注某些特定领域，却忽视了其他领域。这些互动让组织成员了解哪些情况是重要的，在不同的环境中应该如何对待，以及其他人是否会说到做到。

个人对组织的经验涵盖了一系列有关做事方式的认知或信念。这些信念影响了他的行为方式，并定义了组织的文化和安全氛围。我们可以通过询问组织成员对组织生活各个方面的认知，来了解组织的文化和安全氛围。这些问题可以归类为量度或维度，参见表 4–1。

表 4–1 组织运作的九大维度

1	程序公平	个体工作人员在监管人员决策的过程中感知的公平程度。
2	领导者–成员交流	员工与监管人员之间的关系衡量了员工对获得监管人员支持或利益维护的自信程度。
3	管理可信性	员工对管理层言行一致程度的认知。
4	感知组织的支持	员工对组织对自己关心、重视以及支持程度的认知。
5	工作组关系	员工对自己与同事之间关系的认知和相处是否融洽；在互相尊重、互相倾听、互相帮助、信守承诺等方面能做到什么程度?
6	团队协作	员工对与团队成员有效合作完成任务程度的认知。
7	安全氛围	衡量员工对组织重视安全绩效改进程度的认知。
8	上行沟通	相关安全的沟通在组织内可以自由上报的程度。
9	接触他人	员工随意与他人沟通安全性问题的程度。

令人惊讶的是，变革工作更多依赖对组织生活一些基本方面的认知，而非对需要改变的特定领域的认知。比如，一线安全的改进更多依赖工人对监管人员如何对待自己的认知，而非对组织安全重要性的认知，相似地，对一线安全的认知定义了文化的某些方面。

最重要的是，关键领域的认知得到充分了解，改进工作更容易取得成功。认知良好的方面可以继续保持，并在不利的认知领域开展有针对性的改进。

大多数情况下，一线工作人员受伤害的风险最高。因此，识别那些影响工作人员安全的相关行为十分重要。

表 4–1 列举的九大维度包括了工作人员对监管人员、同事、管理人员以及组织整体的认知。重要的是要注意其中六个领域并非针对安全问题。安全成果可能会受到与安全关联性不大的维度的强烈影响，这看上去可能有些奇怪，然而，如前文所说，在某个领域实现卓越的公司倾向于在许多其他领域也是如此。高绩效组织倾向于在各个方面都表现良好。如果一个组织的总体环境良好，安全举措倾向于取得成功；如果环境一般，安全举措就没有那么成功。

图 4–2 的箭头表现了影响的方向。图中每一种关系都具有统计显著性，

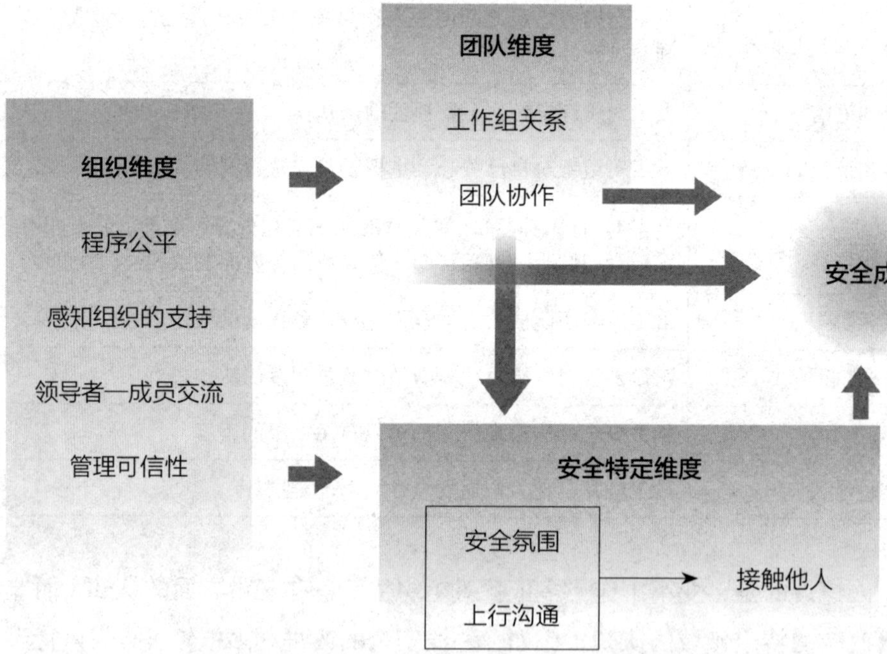

图 4–2 组织运作的九大维度与安全成果之间的关联

较宽的箭头表示更强的预测性关系。

表4-2中组织维度的量度是最基本的——关于这些量度的认知，通过对团队运作和安全特别相关维度的认知，对安全成果产生直接和间接的影响。需要注意的是，组织和团队维度方面的量度并非只针对安全领域。这一点有两方面重要意义：一是我们可以把安全特定维度替换为对等的有关组织运作其他方面的维度，比如可靠性维度或品质维度。我们可能会发现对这些成果有同样形式的影响，和安全领域一样。二是长期的安全改进离不开对组织和团队变量的关注。工作人员和监管人员关系恶劣、工作组功能失调的组织难以仅凭对安全的重视维持变革工作取得的成果。在这些关键领域认知良好，才更有可能长期在安全领域取得高绩效。

表4-2 根据认知对象分类影响安全成果的认知

认知指向对象和内容	认知焦点	
	一般	安全特定
一线监管人员	决策过程公平性（程序公平） 工作关系强度（领导者—成员交流）	提出安全性问题的氛围（上行沟通）
公司/管理人员	管理人员的正直和稳定性（管理可信性） 组织对员工的需求和利益的关心（感知组织的支持）	对安全的重视和优先（安全氛围）
同事	团队效能（团队协作） 组织成员相处如何（工作组关系）	同事之间沟通安全问题的可能性（接触他人）

评估组织文化和安全氛围：组织文化诊断工具

改进的第一步就是评估认知。一般使用诊断工具完成评估认知，并与其他组织进行比较，从而制订干预计划，实现改进。

值得注意的是，诊断工具和调查通常并不是一回事。调查是一系列认为重要的问题。我们有员工回答问题、积累数据，并进行审查。往往员工会抱怨“要被查死了”。不胜其烦地做调查、看数据，但很少有改变，结果是领导的可信性下降。许多组织需要少做一些调查，并根据有效的发现，更多地采取行动。

诊断工具（图 4–3）是一项经证实可以预测特定成果的调查，拥有标准数据库，可以与其他组织横向比较。用户可以精确地找到影响组织绩效运作和设计改进方面的低分领域。

诊断工具	调查
在调查量度和绩效成果之间建立预测性联系 结合组织之间用于比较的数据库给出分数 精准指出需要改进的具体领域	一系列认为重要的问题

图 4–3 诊断工具VS调查

组织维度

以下四个维度蕴含的含义并不仅限于安全，而是可以广泛地运用到组织运作当中：

- 程序公平（决策公平性）
- 领导者—成员交流（监管人员与工作人员之间的关系）
- 管理可信性（正直、稳定性以及胜任能力）
- 感知组织的支持（组织对员工需求以及利益的关心）

这四个维度可以看作“文化的四个支柱”。当领导者说到需要变革组织安全文化时，一般是指这四个维度的范畴。

对等原则

可以通过社会交换理论来理解这些有关卓越组织绩效的关键性基础[①]。该理论指出各种关系（个体之间或是个体与组织之间）的重要特质可以视为一系列由对等原则发挥中心作用的交换或互动。比如，如果一位员工得到了监管人员的尊重、重视以及支持，他回报的可能性就会增加：提高忠诚度、工作绩效，做分外之事。如果员工感觉受到贬低或是不受尊重，他就很难全身心投入工作。

基于交换理论的三大维度对应不同的关系：与监管人员（领导者—成员交流）、与管理人员（管理可信性）以及与组织（感知组织的支持），其中，与监管人员的关系最为重要。这种关系的维持情况强烈影响员工是否相信组织关心他的需求和利益（感知组织的支持）。与监管人员关系很好的员工也倾向在感知组织的支持这一项给出高分。在很大程度上，对员工而言，监管人员是组织的具体体现。每一个维度都可以独立预测安全绩效的成果，这些维度结合起来作用更大。

组织维度相关的量度是大部分其他维度的重要驱动。比如，团队运作受到组织维度代表的组织生活特征的强烈影响。这很容易理解——如果监管人员公平待人，维持良好关系，整个团队就会更有效地运作。员工有关组织维度量度的信念也影响着有关安全性的认知，即安全特定维度。这也容易理解，比如，安全特定维度当中的一个量度是上行沟通（员工向监管人员提出的安全性问题）。良好关系和公平对待更有可能会营造有利于提出这样问题的氛围。组织维度也直接影响着安全成果（安全行为、伤害、伤害报告）。如果管理人员给人以公平、一致以及有胜任能力的印象，员工更有可能会上报伤害情况。

---

① Greenberg, J. & R. Cropanzano (Eds.), Advances in Organizational Justice. Stanford, CA: Stanford University Press.

程序公平

对程序公平的认知在组织中有很大的影响。公平的程序体现以下六方面特征：

- *稳定性：不分对象和时间。*
- *无偏见：避免决策者的利己主义。*
- *准确性：在信息全面，并征得“民意”的基础上，做出决策。*
- *可校正：可以在过程中各个节点对决策提出申诉。*
- *代表性（“民意”）：程序反映了相关群体的基本顾虑、价值和未来。*
- *道德性：程序符合相关群体的根本道德和伦理价值。*

如果领导者以公平的方式制定决策，那么工作人员可以遵守执行规定，而不需要太过担心受到剥削或是压制。一家公司如何处理员工的安全性问题是安全相关范畴内的一个具体问题。如果员工认为程序公平，那么他们可能更易于接受具体问题的不利结果。他们也更可能会认为，经过一段时间，重要的问题可以得到解决。其他因素包括伤害之后、如何对待员工以及安全规则和程序制定的方式。程序公平也会以间接的方式影响组织的有效性。员工认为受到尊重的程序就是公平的。

领导者—成员交流

领导者—成员交流的概念源自领导如何影响下属，也就是领导者采取哪些措施可以让员工实现预期的绩效。第二章提到了两种方法：一种方式是实现或超出预期时给予正面结果，没能做到则是给予消极结果。这种安排称为交易型领导力（有时也称“管理”）。监管人员与工作人员达成协议（有交易）：“你做‘X’，你就可以‘Y’。”另一种方式称为变革型领导力（有时称为“领导力”）。工作人员努力达成目标并非为了明确的奖励或惩罚，而是认为实现目标就是实现对领导者和自身都有重要意义的组织目标。

变革型领导力主要通过与员工的关系产生影响。在工作组织中，监管人员与每一位工作人员建立联系。领导者通过让每一个人看到自我目标如何支持组织更大的目标，从而产生影响。

管理可信性

管理可信性可以看作是一个人对另一个人的态度，建立在前者对他人行为观察的基础之上。该领域的大多数研究关注下属对管理人员的信任，以及促成可信赖感的管理者行为，通过各种角度理解这种信任的培养，其中之一就是社会交换理论。从这点来看，管理人员是通过为追随者谋取利益的方式来获得信任（比如减少不确定性）。随着时间的推移，追随者信任管理人员的概率就会增加，他们也会以有利于管理人员的方式行事（比如合作）。

对管理人员有胜任能力的认知是必要的，但并不一定就能够培养信任感。也就是说，工作人员不太可能信任没有胜任能力的管理人员，但只有能力胜任也并不一定就值得信任。

影响可信性认知的管理人员行为包括：

- 胜任能力：在一段时间内，各种情况下的可靠性和可预测性。
- 正直：言行一致，包括实话实说、遵守承诺。
- 权力共享：参与决策以及任务指派。
- 沟通：准确沟通具有前瞻性的信息，解释说明决策并及时进行反馈，公开交流想法与意见。
- 关心（善良）的体现：对员工需求和利益的考虑和敏感性，以保护员工利益的方式开展工作。

感知组织的支持

为什么员工要为集体做更多的努力，比如加入安全委员会。很重要的一个影响因素在于员工是否相信组织关心他本人的需求和利益。也就是说，他是否感受到组织的支持。可以通过社会交换理论来理解感知组织支持，领导者—成员交流和管理可信性也是如此。领导者—成员交流是指员工和监管人员之间的交换；感知组织的支持是指员工和组织之间的关系。社会交换理论的核心观念在于互惠，以自己被对待的方式相应地进行响应。至于感知组织的支持，很重要的一点是，组织的优惠待遇应该是自由决定的。也就是说，如果某些利益或是程序受法律或是合同的约束，员工一般就不会认为相关内容体现了组织的重视和关心。如果员工认为组织关心他们，并为他们争取利益，他们就更有可能尽心尽力地维护组织。

如果一家公司为实现安全卓越而努力，制定了远超零伤害文化所要求的范畴的规范，这才能表达他们对员工的关心，那么员工有可能会为回报这份关心而在对公司重要的方面做出额外的努力。

感知组织的支持不同于工作满意度，尽管二者往往相互关联。认为组织关心自己的员工更有可能感到满意。感知组织的支持是员工对其承诺的整体认知，而工作满意度是对工作情况特定方面的情感回应，比如薪酬、工作条件、工作安排。

与直接领导之间的关系强烈影响工作人员对感知组织支持的认知，也就是说员工认为其与领导之间的关系代表了组织对他的关心。更普遍的是，员工对管理人员、监管人员以及同事们（较少程度上）可信度的认知会对感知组织的支持产生影响（表 4–3）。

表 4–3 组织维度的量度如何在工作场所体现

组织维度的量度： 程序公平、领导者—成员交流、管理可信性、感知组织的支持	
不利认知	**有利认知**
对同事有不满行为 监管人员和工作人员之间的关系拘谨 工作人员参与机会少 监管人员与工作人员在目标方面的匹配程度低 工作人员不情愿承担分外工作 工作人员有意向离开组织 不敬业——缺乏为组织奉献的精神	组织公民行为（主动承担职责之外的工作，比如自愿发挥安全作用） 对组织安全价值有积极认知 为组织奉献 易于接受改变 工作组良好运作，有团队精神 工作人员愿意提出安全性问题

续表

组织维度的量度： 程序公平、领导者—成员交流、管理可信性、感知组织的支持	
不利认知	**有利认知**
创新意识差，不愿承担风险 旷工	监管人员与工作人员之间相互信任、尊重、影响并履行彼此职责 监管人员对工作人员的激励 监管人员对工作人员首创精神的鼓励 工作组绩效水平较高 工作人员愿意承担额外的职责 整体工作满意度高 对监管人员满意 管理人员与下属之间的沟通质量好 组织内部信息与知识的自由交流 组织绩效 合作与团队协作 个人愿意在有需要时寻求帮助 信任

团队维度

团队运作有两个方面：团队完成工作的效率如何（团队协作）以及同事之间的相处如何（工作组关系）。这两个方面的认知高度关联，但代表不同的维度。比如，一个工作组可能工作效率不高，但是成员之间关系很好。

对组织更为根本性问题（组织维度）的认知会对团队运作（团队维度）产生影响。如果一个组织的程序公平，工作人员与监管人员关系良好，管理人员值得信任，而且关心员工，则这个组织倾向拥有完善的团队，这不足为奇，员工的待遇为团队的效能和凝聚力奠定了基础。

团队维度对安全成果产生直接影响：安全行为水平、伤害以及伤害报告。团队运作也会对有关组织安全价值的认知、提出安全问题的氛围以及工作人员彼此之间谈论安全相关行为的可能性产生影响。这些认知反过来也会影响安全成果，因此团队协作和工作组关系对安全成果具有直接和间接的影响。

另外，团队内部关系质量影响着团队经历改变时的氛围。完善程度高的团队更容易接受改变。

团队协作

影响团队协作的维度有很多，包括工作与团队计划（社会技术考虑）、团队构成、团队运行的一般组织环境以及内部组织历程。团队协作维度体现了对组织凝聚力和运作情况的整体评估，这是多种影响因素共同导致的结果。

公平对待成员会对团队协作产生影响，不仅包括监管人员，也包括同事。如果监管人员和团体本身在制定决策过程中能够做到公平，群体成员会以积极的态度对待监管人员（信任）以及团体（敬业），这将促使更好地团队运作（表 4–4）。

表 4–4 团队维度的量度如何在工作场所体现

团队维度的量度：团队协作与工作组关系	
不利认知	**有利认知**
团组成员之间有不满行为 不愿意承担风险 人员流动性更高 对管理层有抵抗	谈论减少危险暴露的有关话题 向监管人员提出安全性问题 安全参与程度较高 团队成员对同事、工作以及监管人员满意 团队绩效较高 帮助同事的可能性更大 对团体参与度更高 事故较少

工作组关系

工作组内的人际关系对重要安全相关变量产生影响，这一点不难想象。在成员关系不好的群体内，个人不太可能开口和同事探讨与安全相关的话题。开口有风险——无法确定对方会如何回应。同样地，在安全会议上提出安全性问题也要冒险——其他群体成员可能会嘲笑这个问题。当信任度低时，工作人员不太愿意承担这些风险。换句话说，如果群体成员之间关系良好，大家在安全相关问题的互动和提出方面，会更自在一些。

信任有关团队完善程度（团队协作）。高绩效团队的成员更有可能与团队一致。认同带来了团队成员之间的信任，进而促使合作。功能失调的群体团队认同感低、信任度低。群体成员之间的人际关系对工作人员遵守安全规则和程序的情况具有较强的预测性。

工作组关系受到群体领导者的影响。领导者具有鼓励性和可靠性的行为，有可能促使群体成员之间的信任。

特定安全维度

该维度中的量度体现了组织、团队运作、伤害率等安全成果之间三种不同的联系：第一层联系是有关工作人员提出安全性问题（上行沟通）。第二层联系是有关工作人员彼此之间谈论危险暴露（接触他人）。第三层联系是有关个人为自己的安全负责。这种责任感会受到对安全氛围认知的强烈影响，后者也影响着上行沟通和接触他人。监管人员与工作人员的关系以及感受组织和监管人员的公平对待，对工作人员是否会向监管人员或同事表达担忧产生影响（表 4–5）。

表 4–5 特定安全维度的量度如何在工作场所体现

特定安全维度的量度：上行沟通、接触他人、安全氛围	
不利认知	**有利认知**
工作人员更有可能将事故发生归责为环境因素，即使工作人员的行为是事故发生的主要因素	更高水平的参与度与首创精神 较低的伤害率 更高程度的伤害上报 个体更会为自己以及他人的安全负责 个体更高程度地重视安全 工作人员提出安全性问题的可能性更大

安全氛围

20 世纪 80 年代，安全氛围的概念得到了关注。安全氛围与文化之间的区别稍有争议。通常来说，文化被视为“背景”，氛围被视为“前景”。文化是一个更为根本的概念，氛围与文化相互影响。文化有多种定义，比如“我们做事的方式”以及“共享价值观”。氛围一般被认为是*有关*某项事物的氛围：安全、质量、服务等，是员工在特定情况下获得奖励、支持以及尊重的认知。我们可以谈论*某个组织的文化*，而不是*这个组织的氛围*。准确地说，是针对组织一项具体绩效指标的氛围，比如安全、可靠性、成本等。氛围比文化更容易改变，参见图 4-4。

文化与氛围

文化	氛围
驱动组织绩效的共享价值观	有关获得尊重、奖励和支持的认知
适用于运作的诸多领域	适用于运作的特定领域
“我们做事的方式”	“我们关注的内容”
未明确说明	明确说明
背景	前景
较为缓慢地改变	较为迅速地改变

图 4-4 文化与氛围的比较

保持安全氛围的具体措施有所差异，但共通之处在于管理层对安全的重视。大量研究显示，这一维度的分数与伤害率等安全成果之间具有关联性。根本逻辑在于对安全的高度重视会通过资源以及规划等形式带来明显的支持。比如说，这种支持会促使有关组织承诺积极认知，对人们如何开展日常工作产生影响。多种多样的安全过程也会减少危险，进而降低伤害率。

对组织维度相关的认知会对安全氛围的认知产生影响，尤其是感知组织支持和安全氛围之间具有显著关联性。认为组织关心他们的工作人员整体上也可能会认为管理层重视安全。重视安全是展现组织支持的一个具体方式。

上行沟通

在组织和团队变量与安全成果之间的另一层联系上，有关工作人员是否会提出安全性问题。比如，监管人员体现公平以及支持性的工作较少出现伤害。公平以及支持如何促进组织取得更好的安全成果？这个道理就是工作人员会无保留地说出与安全相关的问题，公平且富有支持性的监管人员更有可能倾听这些顾虑，并适当地予以反馈。随着时间的推移，工作人员愿意争取改进的机会，监管人员致力采取行动，进而减少危险的暴露，从而减少伤害。

上行沟通、感知组织支持的分数和领导者–成员交流的分数有关联性。与监管人员关系良好且相信组织关心他们的工作人员，更有可能提出安全性问题。团队运作和团队关系也会影响工作人员提出安全性问题的意愿。在功能失调的团队中，工作人员比较不情愿提出问题，以免引起同事的反感。如果监管人员乐于接受有关安全性问题的上行沟通，就会向工作人员发出组织重视安全的强烈信号。

接触他人

上行沟通维度涉及工作人员向监管人员提出的安全性问题，这些问题与组织的设施、设备或者程序相关。问题改进的另一个机会在于参与度。在健康的安全氛围中，工作人员会和他人谈论如何减少暴露。工作人员越是关注暴露，工作界面就越安全。

接触他人、领导者–成员交流与团队领导者（监管人员）对安全的重视都有关联性，与监管人员关系的质量和团队成员发声的意愿有关联性。如果领导者重视安全，下属会通过与他人探讨安全性问题来建立高质量的领导者–成员交流关系。

团队运作也会影响他人。在人际关系良好、高效运作的团队中，成员之间愿意相互交流，有信心得到同事的合理反应。相反，在功能失调的团体中，同事们的反应不可预测或者可以预见反应是消极的。

总结

有关组织层面对安全成果影响的研究，证实了一些长久以来的观点，也有了一些新的发现。多年以来，很多文献探讨了有关管理层致力于安全领域的重要性，高度重视安全与良好成果之间的关联性是否已经建立。此外，重视的含义很清楚：管理人员在其职责范围内充分了解安全的相关内容，在管理会议等日常工作中优先考虑安全问题，并采取行动利用资源提高安全水平。另外两个发现的内容虽然不足为奇，但比大多数的想法都更为具体。在高层监管人员鼓励员工提出安全性问题的组织中，以及工作人员积极主动相互谈论安全问题的组织中，安全成果更为卓越。

一个涉及组织范畴内的意外发现并不直接影响安全的一些方面。在成员与监管人员保持良好的工作关系、监管人员公平制定决策以及团队富有成效而且成员之间人际关系良好的工作组中，安全结果更好一些。换句话说，运作良好的工作组一般在安全方面也很优秀。

另外一个意外发现是如果工作人员认为管理人员整体上值得信任、可靠且言行一致，他们受到伤害的情况会少一些（也更加愿意在出现问题时上报），而且，如果员工认为组织关心他们的顾虑和利益，他们就更愿意为组织多尽力。如果组织重视安全问题，工作人员会加倍努力致力于安全工作，改进安全措施。

PART 03

第三篇

领导者的任务：了解人为绩效的两个关键方面

改进安全是重大的组织变革。组织并不会因为领导者的意愿而发生改变，而是要从改变他们本身的行为开始，这似乎很难做到。往往领导者明白应该改变某些行为，但很难弄清楚如何改变。应用行为分析为理解和改变行为提供了方法，尽管行为改变对改进安全而言至关重要，但也不是全部的内容。改进的过程也要求领导者运用他们的认知能力，制定重要决策。安全领导者需要了解在决策过程中，认知偏差会造成的潜在危害影响。

第五章 改变行为 运用应用行为分析

- 组织设置中的应用行为分析
- 应用行为分析如何促进安全改进
- 核心概念：前因、行为以及后果
- 利用ABC分析法
- 示例一：改变领导层的行为
- 识别新后果的注意事项
- 示例二：改变中层管理的行为
- 应用行为分析

事实上，在所有的组织中，想要实现的做事方式与实际的完成方式之间都有差距。我们大多数人逐渐习惯了这一有关组织生活的状态，或多或少地认为这是不可避免的，进而接受了这一事实。

这一点也不奇怪，我们已经了解了自己的行为，而且周边其他人的行为也与我们的预期或希望有所差异。我们知道需要注意饮食、养成某些具体习惯，完成重要事项，然而我们还是实现不了预期或是想法。我们有些灰心，不知所措，有时是受自己行为的影响，有时是受他人行为的影响。

一般来说，行为科学在帮助我们理解并改变这些方面的实际作用不大。虽然有很多理论，但并没有达到实际能解决问题的程度，我们还是会不知所措。

应用行为分析为这些难题提供了思路。

组织设置中的应用行为分析

应用行为分析是理解、评估以及影响各种行为的有效方法论。有文献详细阐述了应用行为分析在组织绩效方面的运用①，因此本章仅做概述。应用行为分析的运用是有争议的，我们会探讨哪些方面最适合运用以及如何避免滥用。最为重要的是，我们会探究在帮助组织改进安全绩效方面，如何有效运用应用行为分析且实现最高效的利用。

应用行为分析这一方法论源自心理学，历经约 50 年的发展，独立于实证研究基础之上。该理论源自哈佛大学心理学家B. F. 斯金纳（B. F. Skinner）的研究，这是一位存在争议的研究者，他在我们如何看待心理学和人类行为方面产生了巨大的影响。不幸的是，尽管早期行为分析在行业/组织设置方面的运

① Komah, J. 1986. "Applied Behavior Analysis and Organizational Behavior: Reciprocal Influence of the Two Fields." Research in Organizational Behavior. 8: 297–334.
Krause, T.R. 1997. 7he Behavior-Based Safety Process: Managing Involvement for an Injury-Free Culture, 2nd Ed. New York: Van Nostrand Reinhold.

用成效斐然，但仍饱受诟病，至今还有影响。

教育、临床心理学以及组织改进方面的研究显示，应用行为分析的运用十分有效，主要是因为它从可观察的角度明确了评估实际表现的具体标准。今天，我们理所当然地认为在组织变革时，需要明确想要影响的实际行为。在斯金纳的研究之前，这一想法从未有过，常见的是一些模糊的说法，比如“改变管理人员的态度”。同时，“行为矫正”这一令人不悦的说法出现了，还被误解为是一种阴险的操纵。大众媒体以及一部分学术界专家提出了一系列错误的想法：应用行为分析是“独裁者”的手段，会观察并阴险地改变你的行为方式、改造你的行为。因此，尽管这一影响行为的有效理论已经形成，但还是会被众人误解。

在组织绩效变革领域中，早期的研究颇有建树。然而，无论是咨询顾问还是行业领导者都没有充分了解如何正确应用该理论。学术界的咨询顾问了解应用行为分析的技术层面，但不了解组织实际情况：没有明说的学术界以外的组织运作方式。而组织领导者没有认识到可以实际评估并改变行为的这一理论当中所蕴含的深刻价值和复杂性。结果就是，尽管涌现了大量优秀的研究，证实了组织行为改变的有效性，但是该理论却从未真正完全地运用在行业领域。

应用行为分析如何促进安全改进

尽管有很多难题，但是行业领域已经意识到要*从行为层面*来看待绩效成果这一事实。无论你如何看待“行为主义”，组织领导普遍认为绩效改进归结为行为改变。无论是首席执行官级别的人员，还是监管人员，甚至是一线员工，*但凡组织需要改进，他们就要改变表现行为；但凡需要改变文化，那影响支持这一文化的行为就必须改变。*

这一点适用于安全改进也适用于任何其他种类的组织变革；适用于各种级别的员工，从最高层的领导者到最新雇用的一线员工。其任务是识别并系统改进组织内各个级别，减少员工危险暴露的行为。为确保稳步推进安全改进任务，领导层必须大力开展工作。

当然，谈论行为改变的需要是一回事，切实做到又是另外一回事。众所周知，说到和做到之间是有差距的，选一个组织中已有的程序，观察程序规定内容的实际执行情况，总是可以发现重大差异。容易的是决定应该如何做事，困难的是按要求进行引领，确保实际执行效果。

对于我们合作过的大部分公司而言，严格执行都是一个挑战。书面上写得很好，但一面对日常需求和轻重缓急的任务就未必真能做到。这一切都指向并强调了有能力理解并有效影响行为的至关重要性。应用行为分析是解决执行问题的唯一有效工具。

核心概念：前因、行为以及后果

应用行为分析始于理解三个基本概念：前因、行为以及后果。*前因*是发生在行为之前，并引发行为的事件。*行为*就是观察到的动作。*后果*是行为导致的事件。举一个简单的例子，门铃响了（前因），我们去开门（行为），看看谁在门外（后果）。一般我们倾向于认为前因是上述例子的门铃响，这是行为（去开门）的起因。当然，前因对行为的影响很重要，但实际上后果对行为的决定性影响比前因更大。试想如果门铃反复作响，而门外没有人。这可能是门铃坏了或者是有人恶作剧，按了门铃就跑了。在这样的情况下，去开门看看谁在门外的行为由于缺乏预期后果而令人受挫。用不了多久，就会停止“自动地”去开门。一旦门铃响不再是门外有人的可靠信号，就不再引出去开门看看是谁的行为。仅凭前因（门铃响了）不能直接决定行为（去开门），相反，前因引出某些行为是因为表示或预示了一定的后果。

简单地说，应用行为分析涉及以下情况：

前因和后果都会影响行为，但影响方式很不一样；后果对行为的影响更强烈且直接，而前因对行为的影响是间接的，主要用于预测后果。

许多周密设计的变革计划没能成功，就是太依赖前因——行为发生之前的事件——目标、最佳实践、会议等。大部分情况下，这些前因并没有有力的后果支撑。

除了发现后果比前因更有影响力，行为科学也发现在控制行为方面，有些特定后果相比其他后果更有影响力。

“即时性、必然性、积极性”——最强后果

有三个特性决定不同后果的影响力：

即时性——行为后马上发生的后果比稍晚发生的后果对行为的影响更大。

必然性——行为后必然会出现的后果，比不可预测或不确定的后果对行为的影响更大。

积极性——其他条件都一样的情况下，积极后果比消极后果对行为的影响更大。

积极后果和消极后果都会影响行为。哪个影响更大取决于多个因素。但为了在组织变革中发挥最佳作用，积极后果更有效，原因有很多：运用积极后果可以营造积极的氛围，积极后果改变的行为更容易推广，而且没有消极后果的副作用。

这就意味着对行为影响力最大的后果具有即时性、必然性以及积极性的特性。当行为因后果而加强时就*被强化了*。*强化*是习得行为的一种机制。应用行为分析竭尽全力明确了强化的种类、实施的有利条件以及选择最佳方式和安排的方法。可以参见贝丝·苏尔泽-阿扎罗夫（Beth Sulzer-Azaroff）和G. 罗伊·梅尔（G. R. Mayer）的《持久变化行为分析》（*Behavior Analysis for Lasting Change*）或是艾伦·凯斯丁（Alan E. Kazdin）《应用情景下的行为修正》（*Behavioral Modification in Applied Settings*），了解更多内容。

我们可以通过ABC分析法融合或运用这些概念。ABC分析法是理解和影响关键行为的利器，在我们的研究中，关键行为也就是指将员工暴露于危害中的行为。

利用ABC分析法

ABC分析法分三步：

第一步：明确想要影响的目标行为，陈述其消极的一面。列举目标行为的前因和后果以及后果性质。这样有助于了解行为出现的原因，并为制定改变策略奠定基础。

第二步：用积极的词汇陈述所分析的目标行为。列举目标行为的前因和后果以及后果性质。

第三步：制定行动方案，体现将要采取的措施，确保影响目标行为的正确前因和后果得以实现。

示例一：改变领导层的行为

我们会举几个例子来阐述这一工具的应用。假设我们的合作对象是一位有意向提高组织安全水平的制造业副总裁，这位领导者监管八个工作场所，即使运用同样的技术、拥有相似的劳动力，绩效差别却依然很大，这激发了他改进组织的积极性，他受命降低伤害频率，一些安全计划在最初降低了伤害频率，但最近两年却收效甚微。这位副总裁下属工厂的管理人员虽然富有改进的积极性，但不太了解必要性，而且*好像并没有使用足够的时间去探寻富有创意的解决方案*。我们与副总裁讨论，总结出以下工厂管理人员的关键行为：没能在安全方面投入足够的时间。

第一步，利用上面的案例，明确想要改变的目标行为，陈述其消极的一面，分析不希望有的行为。列举前因和后果，详细说明每种后果的性质，图5-1 体现了这一分析方式。

分析有助于我们开始了解工厂管理人员的行为。我们看到引起这一行为（没能想到新的安全解决方案）的一系列前因（比如“我有其他重要任务”）。这些前因有助于我们在第二步了解影响想要实现行为的因素。C栏的后果（比

A	B	C	
其他优先任务	没能在环境、健康和安全活动方面投入足够的时间	伤害	S/LC-
灭火救场		消极反馈	S/LC-
其他人的职责		完成其他事情	SC+
没有其他人做		回避不适	SU+
缺乏培训		保持对良好安全绩效的幻想	SC+
缺乏关注点			
脱离日常安全性问题			
害怕无法满足的要求			

图 5–1 第一步，分析不希望有的行为

如“有其他事情需要完成”）告诉我们行为得以维持的原因。显然，工厂管理人员因这一行为得到许多即时性、必然性、积极性的后果。尽管也有消极后果，但是却也未必会发生。这是我们在分析安全相关行为时，普遍会发现的一种模式：短期后果比长期后果更受重视。当然，这就导致了存在致命缺陷的策略。在一定程度上，当发生严重伤害或致命事件时，领导者才会意识到自己的错误，所以，在较短的时期内，我们的副总裁面临着很大的难题。

第二步，利用第一步获取的信息分析想要实现的行为。分析内容大致如图 5–2 所示。现在我们要看可以利用哪些前因促使实现我们想要的行为，查看导致相反行为的前因将有所帮助。如果“缺乏了解”导致了安全活动的失败，那么开展安全内容相关培训就可能会是推进安全活动的有效前因。

A	B	C	
上级领导者沟通了环境、健康和安全活动的重要性	在环境、健康和安全活动方面投入足够的时间	上级领导者每月考核下属关键环境、健康和安全活动的情况	LC+
公司将环境、健康和安全活动纳入绩效管理体系		绩效管理讨论包括领导者在环境、健康和安全活动中的参与情况	LC+
领导者专门安排时间用于这些活动		上级领导者为环境、健康和安全活动的参与情况提供积极反馈	SC+

图 5-2 第二步，结合新的前因和后果分析想要实现的行为

识别新后果的注意事项

完成前因列表之后，我们自问：*可以为这位工厂管理人员提供哪些后果，从而鼓励实现我们想要看到的行为。*

这个问题的答案存在争议。许多人可能会说后果一定是财务方面的——越强烈越好（同样的思路可能会促使我们给在安全方面表现优良的一线工作人员提供切实的后果）。我们的经验却有截然不同的结论。“安全激励”取决于伤害频率的切实奖励，往往产生事与愿违的效果。我们在别处详细论述过这一

点[①]，所以此处我们会说我们不推荐使用，而且我们也见到过在没有物质"激励"的情况下，依旧在安全领域取得可圈可点的真实案例。

就安全改进而言，我们的经验是使用积极反馈作为主要的即时/必然/积极性后果最为理想，可以结合图 5–3 的绩效改进模型，更深层次理解这一点。

图 5–3 绩效改进模型

图 5–3 的绩效改进模型是一个等级模型，底部因素比顶部因素更为根本。底部因素所维持的行为比顶部因素维持的行为更容易受到影响。无论*我多想实现某个特定行为，如果受到*缺乏适当设备和设施或知识的*限制*，实现该行为的可能性都会降低。这个等级模型有助于发现需要改进的绩效的具体来源。在我们刚刚分析过的行为中，执行者拥有充分的设备和设施，并可以在安全活动中投入时间，分析显示他缺乏的知识、意识和动机。知识纯粹是培训的问题。根本问题是缺乏知识时，任何后果都无法发挥作用，这一点也同样适用于设备和设施。

---

① Krause, T. R. 2000. "Motivating Employees for Safety Success." Professional Safety. 45: 22–26. Krause, T.R. 2001. "Moving to the Second Generation in Behavior-Based Safety." Professional Safety. 46: 27–32.

如果问题是缺乏意识或动机，反馈可能有效，但原因是有差别的。如果员工具有积极性，但缺乏意识，反馈可以作为简单的提醒告诉当事人行为的产生。比如，你开车时应注意限速，但却不知不觉地超速了。你仅仅是收到超速的通知后就会改变这个行为（比如沿路的每小时所行英里数反馈设备）。

相反，如果当事人有意识，但缺乏动机，反馈可能会有积极效果。由于缺乏动机而产生的行为最难改变，但如果是在本人的控制范围内，这些行为会对即时/必然/积极性的后果很敏感。由于缺乏设备、设施或知识而有的行为更容易受到前因干预的影响，而与意识和动机相关的行为需要后果来有效影响。

第三步，我们现在可以制订一个行动计划。这基于我们已经了解的内容，并系统地将前因和后果落实到位。表 5-1 展现了一位高级领导者的行动计划样本。

表 5-1 行动计划样本

在环境、健康和安全活动方面投入足够的时间		
行动	**人员**	**时间**
与下属开碰头会，明确值得他们关注并投入时间的安全活动。	高级领导者	
决定我们想要他们在活动中完成的任务。	高级领导者及直接下属	
明确完成这些活动的日程安排。	管理人员	
让每一个人评估自己在开展指定活动时的胜任能力，并让组织内其他人对其表现进行评估，捕捉管理人员完成这些活动过程中的优点与不足，并在观察后进行讨论。通过讨论，对优点进行积极反馈，并就不足之处给出指导。	管理人员	
致力于直接观察我的下属最有可能有所改进的方面，并安排改进日程。	高级领导者	

行动计划追踪调查

30 天内，审查监测数据在目标行为方面的合规性（后果干预）。

示例二：改变中层管理者的行为

第一步，按照上一示例的同样模式，我们陈述目标行为的消极面：无法及时查阅全部的事故报告，图 5–4 体现了分析过程。

A	B	C	
没时间	无法及时查阅全部的事故报告	决策前没能公示	LU-
出行中		错过干预的机会	S/ LU-
赶时间		令人不悦的惊喜	S/ LU-
其他人也没做		完成其他工作	SC+
琐碎、烦躁		节省时间	SC+
优先级		避免厌倦不耐烦	SC+

图 5–4 第一步，分析不良行为

这项分析说明后果易产生不良行为。监管人员或是管理人无法查阅所有的事故报告，实际上节省了时间，可以履行其他职责，避免不便。可能正向影响行为的后果——领导针对伤害或消极事件的进一步反馈——是最弱的一种。

第二步，分析安全行为。我们从积极的角度陈述目标行为，查阅全部的事故报告。现在我们来列出触发或引起这一行为的新的前因，参见图 5–5 的分析。

首先，制订行动计划，从增加可以触发目标行为的新前因开始：一是实现事故报告电子信息化；二是建立明确的等级制度，不同事故由不同人员审查；三是留出定期固定审查报告的时间。

A	B	C	
上层领导者重视事故审查	及时查阅所有的事故报告	监管人员对未及时完成的审查提供反馈	SC+
建立标准的审查过程时间轴		认可下属富有创意的行动方案或变革	LC+
设置全面的路径选择系统，内置定时审查要求		降低伤害频率	LU+
组织认可报告中产生的富有创意或特别是有影响性的行为			
为领导者提供培训，如何在事故调查过程中增加价值			

图 5-5 第二步，结合新的前因和后果分析想要实现的行为

其次，我们列出实现目标行为的新后果：一是针对事故报告审查产生的行动要求，建立及时响应；二是每月召开会议，审查采取了哪些行动，还有哪些尚未完成；三是将事故报告审查和响应纳入监管人员/管理人员的绩效审核。

最后，我们制订行动计划样本（表 5-2）落实新的前因和后果，从而促使实现目标行为。

表 5-2 行动计划样本

定期审查所有的事故报告		
行动	人员	时间
实现事故报告电子信息化。	安全部门	
建立追踪事故的新流程：当事故发生时，监管人员/管理人员需要在 48 小时内通知领导，即使他并不会参与审查。	工厂管理人员	
建立等级制度，明确专人负责专门的事故。事故报告首页要有检查表，审查完成时，负责人要签署已核实，从而使领导者了解这份报告的审查负责人。	工厂管理人员/部门经理	
建立按月审查报告机制，不仅要审查事故本身的情况，还要确保阅读并审核所有的内容，同时，在进展中了解是否需要分享经验。	部门经理	

有趣的是，在两个示例中发现了同样的模式，短期后果对我们想要影响的行为作用更大。

应用行为分析

了解行为改变的必要性不会局限于安全干预的范围，而是提供了普遍基础。安全改进计划需要行为改变从而确保成功，其策略在于结合应用行为分析原则，从而制定最有效的综合改进策略。改变文化、使用认知方法、识别并提高领导者的技能短板、深入安全改进的动机根本、发现安全领域的“情绪”元素，并想方设法全面提高安全领导力，这些都是改进安全领导力的必要元素。

当执行对成功至关重要时，行为分析是一个非常有用的工具。领导者想要提高能效性，可以从行为角度着眼了解需要完成哪些任务，利用ABC分析法促进理解并制订行动计划，并运用即时/必然/积极性后果进行追踪跟进。

第六章 认知偏差对安全决策的作用

本章与瑞贝卡·提明斯（Rebecca Timmins）联合著作

- 有关认知偏差的研究发现
- 1996 年的珠穆朗玛峰悲剧
- 组织安全领导者相关应用
- 理解认知偏差
- 一个制造安全的示例
- 将认知偏差知识运用到工作中
- 总结

组织领导者每天都要在各种压力之下制定决策，要让各个方面满意，不仅要满足预算和日程的要求，还要应对工作界面存在的各种风险。不幸的是，在追求实现组织目标的重压之下，许多决策往往是错误的。比如，通常只有在调查结束之后，我们才考虑是否还有可以选择的替代路线或者本来可以做出哪些不同的决定，避免意外的发生。我们此时意识到*我们作出了不正确的判断——本不该如此*。基于错误判断的决策往往与我们对未来可能性的评估相关。

燃料箱脱落的泡沫刺穿航天飞机机翼的可能性有多大？使用上锁挂牌程序是否能够确保工作人员不会接触到启动设备？用于控制逃跑化学反应的体系是否能够避免重大事故？

每一个这样的问题都意味着领导者在面对未来的可能性时必须做出准确的判断，*基于不确定性的判断*，如何做出决策？我们是依靠过往的经验来应对这些问题——“这是一贯的做法，至今没出过问题”——还是要求通过严密的分析手段验证安全性？需要哪些信息，我们才会做出反应？事故发生之后，应该如何决策好像就清楚了。但如果我们谨慎审视事故*发生前*我们了解到的情况，绝大多数情况下，*我们已经掌握了做出安全决策所需要的所有信息，但我们忽视了*，这是为什么呢？

有关认知偏差的研究发现

认知心理学领域已有大量有关认知偏差的科学文献有助于解答这些问题。结果显示*人类倾向于可以预见的方式，在未来可能性方面做出错误的判断*。这种错误判断倾向称为认知偏差，我们了解了很多相关的内容。

本章的目的在于从实践以及面向应用的角度介绍认知偏差的基本内容，为从事领导工作的人们提供有所助益的框架内容。我们旨在介绍了解认知偏差的基本内容对领导者的决策过程是有帮助的，想要了解更多深层次的信息，可以参见相关文献①。

1996 年的珠穆朗玛峰悲剧

1996 年 5 月 10 日，五位登山者在攀登珠穆朗玛峰的过程中遇难。其中两位是世界知名登山家罗布·哈尔（Rob Hall）和史考特·费雪（Scott Fischer），两位都是经验丰富的高海拔登山领队。哈尔是探险咨询登山团（Adventure Consultants expedition）的领队，在过去的六年间，曾带领近 40 位登山者成功登顶。费雪是疯狂山地登山团（Mountain Madness expedition）的领队，仅登顶珠穆朗玛峰一次，是一位颇有名望和经验的高海拔登山者。攀登珠穆朗玛峰一直都极富挑战，极具危险性。1922 年以来，160 多位登山者在试图登顶的过程中遇难。1996 年发生的悲剧并不是因为单一的原因，相反，是多种因素共同导致的结果，包括团队运作以及决策不当。

珠穆朗玛峰的悲剧已经成为前车之鉴，影响着相关安全决策以及领导者在平衡组织内压力的同时对行为的塑造，体现了领导者的一言一行如何塑造并强化认知和信念，进而产生行为，而其中有些是错误的。

2002 年，《加利福尼亚管理评论》（*California Management Review*）发表了有关珠穆朗玛峰（以下简称珠峰）悲剧的案例研究，阐述了认知偏差在事故中起到的作用。这是一个特别值得思考的典型事例，因为所处环境复杂、牵涉甚广，所以这与组织安全领导者面对的问题很相似。

---

① Hammond, J. S., R.L. Keeney, and H. Raiffa. 1998. "The Hidden Traps in Decision Making." Harvard Business Review. 76: 47–58.
Evans, B. 1990. Bias in Human Reasoning: Causes and Consequences (Essays in Cognitive Psychology). London: Psychology Press.
Kahneman, D., P. Slovic and A. Tversky. 1982. Judgment Under Uncertainty: Heuristics and Biases. Cambridge: Cambridge University Press.

作为背景，珠峰悲剧发生前的情况具有以下特征：

- 登山是一项极富挑战和危险性的运动——攀登珠峰尤其危险。
- 探险队的领导者罗布·哈尔和史考特·费雪均是技术娴熟的专业人士。向导也是名声斐然，且拥有成功的高海拔登顶经验。
- 客户（登山参与者）投入大量资源（人均多达 70,000 美元），预期登顶珠峰。
- 客户为攀登过程中的极端条件做好了准备并对其自身能力具有信心。
- 探险咨询登山团和疯狂山地登山团都具有达成共识的指导方针，应对风险管理——比如，“两点钟原则”：如果下午两点没能登顶，就务必返程。
- 最近已经出现了有利于登山的天气。

当天尝试登顶的几十位登山者当中，仅有六位在下午两点时登顶珠峰。当时，有四位登山者放弃了登顶计划，开始返程。哈尔和费雪与其他 15 位登山者却继续向上攀爬。意外的恶劣天气来临时，山上的能见度很低，这导致两个登山团中有五位成员遇难。认知偏差在做出一系列致命决策的过程中发挥了重要作用。以下三个偏差尤其值得注意：

一是过度自信偏差：人们在拥有大量自以为正确的经验时，倾向于表现出自负，即使这些经验并未得到证实。两位领队及其队员都表现出这一偏差：他们很自信，成功登顶珠峰的记录却没能证实这一点。

二是沉没成本偏差：人们倾向于做出支持决策之前的选择，在已经有所投入的行动方向再次加大投入——即使出现了矛盾。领队和队员也犯了这个错误：为了此次攀登已经投入了很多，没能遵守之前已经同意的“两点钟原则”。

三是近期偏差：制定决策时，人们倾向于更多关注近期以及容易想起的信息。近期已经出现了十分适合攀爬的天气，让大家忽略了极端天气的可能性。

组织安全领导者相关应用

对于组织安全领导者而言，制定决策时没有特意考虑认知偏差是正常的，通常也没问题。但在有些关键的决策时刻，认知偏差具有灾难性影响。因此，安全领导者认识到认知偏差所能造成的影响意义重大。

认知偏差可能导致领导者低估风险暴露，并会过高估计体系减轻危害的能力。任何一个小的决策本身可能无关紧要，但一系列小的决策可能会导致灾难发生。

理解认知偏差可以改善决策制定。对认知偏差的了解能够让领导者有意识地质疑并寻找有害且可能导致不当决策的偏见。理解认知偏差能够让领导者在制定决策，特别是重大决策时，充分考虑这一点。

理解认知偏差

认知偏差会让我们走捷径，简化决策制定。我们倾向于认知偏差的出现是因为要实现两个重要目的：一是简化复杂的世界，使其更容易预测；二是让新信息与已有信息一致，从而有助于理解。我们思考的过程确实有捷径，我们依赖于这些捷径的原因有很多：有时全盘考虑制定决策用时太长、有时我们不知道如何找到正确的解决方案、有时我们掌握的信息不完整。

认知偏差是我们感知世界过程中的一种曲解，从表面上看，在面临复杂决策时却有助于我们向前发展。这种判断错误的形式是由我们倾向于使用简化的信息处理策略所导致的。人类在作出判断的过程中出现偏差是很普遍的。认知偏差种类多样，以下是比较常见的几种：

- 锚定效应：过分重视最先获取的信息——初始信息定调随后的判断。
- 归因理论：将成功归因为个人能力，失败归因为运气不佳或偶然。
- 事实/价值困惑：将自己坚信不疑的价值视作或当作事实。
- 过分自信效应：掌握丰富信息时感觉过分自信。

- 顺序效应：更容易记住最初和最后的信息。
- 近因效应：倾向于最近获取以及最容易记住的信息。
- 冗余效应：随着信息逐渐冗余，越发自信。
- 玫瑰色回忆：回忆并记住“美好时光”。
- 样本偏差：由于不当的抽样技术，过分重视有瑕疵的小型样本。
- 选择性感知：寻求肯定自己观点的信息。
- 现状偏见：偏向支持现状的选择——更安全的策略，牵涉的个人风险少一些。
- 沉没成本效应：做出支持之前决定的选择，即使这些选择已经不再有效。
- 愿望思维：出于想要的结果，做出倾向性决策。

每一种偏见都可以单独地影响决策。更危险的是，这些偏见会相互作用，加强这种影响，比如，出于工作压力快速做出的决策可能会被当作既有的现状，又或者是特定情况下做出的加班决策，由于沉没成本偏见，即使一段时间之后感觉并不适当，仍然继续加班。

认知偏差可以解释为什么有能力的人会做出不当决策——为什么一位有经验的行家会“忽视掉”危险（过分自信）；为什么一位高层领导者没有解雇表现不佳的员工，即使经过指点也没有任何改进（沉没成本效应）；为什么领导者“忍”得了安全绩效不佳的安全体系（现状）。

一个制造安全的示例

一家制造厂计划在周期型产品生产的淡季进行为期六个月的扩建，用全新设备替换老化的生产线。车间年度安全审计建议在老化的生产线上装配紧急停机联动装置，从而防止发生行业内其他工厂里已经出现的重大伤害。然而，由于设备年代久远且复杂以及设备和车间的布局问题，安装新的联动装置需要关停生产线至少一周，而为了满足在旺季的生产需求，生产线一直昼夜不停地运转。

厂长与分管制造、维护以及安全的管理人员一起研究了安全审计结果。他解释如果关停生产线，完不成生产目标可能会出现的问题。安全管理人员同意审计建议，但同时指出，联动装置可以避免的事故在该工厂从未发生过。负责生产以及维护的管理人员一致认为如果关停生产线就无法完成生产目标，而且既然淡季将要关停六个月，就建议推迟此次关停。三个星期后，该厂发生了一起重大伤害事故，这本来可以通过关停生产线避免的。

为什么这些管理人员在明确被告知其他工厂已经出现重大事故之后没有采取行动？他们为何能够“忍受”这种情况？说他们不关心安全或是不重视员工可能很容易，但是实际上，认知偏差可能会使人“陷入”错误决策，即使本意是好的。这个案例中，管理人员就是受到近因效应的不良影响——这条生产线此前的运营一直很安全。工厂厂长由于锚定效应产生偏差——从决定关停生产线可能造成的问题着眼开始这次讨论。他们可能也受到了现状以及愿望思维偏差的影响。

将认知偏差知识运用到工作中

成功的安全领导者如何将这些知识运用到工作中？他们运用认知偏差知识进行自我监督，在决策过程中对认知偏差保持警惕。对于安全领导者而言——影响危险暴露程度的选择得以控制，这极其重要。

以下几点可能有助于领导者将认知偏差知识运用到工作当中：

- 无论何时面对涉及对未来可能性做出评估的决策，问一下自己评估的基础是什么，是否掌握了评估所需的信息。
- 从多种渠道获取信息——力求扩大参考范围，用新的眼光看待问题。
- 有意搜寻正反两方面的信息——从不同的角度看待问题。
- 让一位可靠之人“唱黑脸”。
- 明确其他选择——现状绝不是唯一的选择。
- 先自己考虑问题，再听取他人意见。
- 对于所有的已有决策，证明没有出于沉没成本而过多投入。

- 学习认知偏差的知识，也同样要求安全领导者学习。

最重要的或许是成功的安全领导者必须明白文化可以影响认知偏差所能造成的影响程度。组织是否支持公开自由的沟通？只有在这样的环境中，大家才可以自由交流想法，畅所欲言，质疑基于偏见的设想。

总结

认知偏差是一个使人着迷的研究对象，对于安全领导者而言意义非凡。了解相关内容不会改变你的每一个决定或是保证从不犯错，但却可以改善你的决策。在安全相关决策方面的点滴积累，终将会带来在安全绩效方面质的飞跃。

PART 04

第四篇 动员员工

人员的动员是有效安全领导者实现并维持安全成果的核心机制，但各个级别的员工必须通过最合适的方式进行动员——适合高级领导者的方式并不适合一线员工或监管人员。这部分内容，我们将着眼于如何动员各个级别的员工。

第七章 高管培训在领导力发展中发挥的作用

本章由吉姆·哈格特（Jim Huggett）著作

- 高管培训：从矫正型到发展型
- 实现领导力的行为方法
- 培训过程：语境方面与行为方面
- 安全领导力培训

高管培训：从矫正型到发展型

高管培训在不久之前被视为一种补救策略，大多旨在帮助在领导力或人际关系方面有困难的高级管理人员，然而，在过去的十年时间里，发生了显著且积极的转变。在许多组织中，曾经被视作“修正”高管人员问题的方法已经成为发展高管一般领导力的技巧，并在实现具体领导力的目标过程中予以运用，其中包括营造提升并支持安全的组织文化。许多组织指派一位导师指导所有高层领导者，有些情况下也包括许多具有潜力的高级中层管理人员。培训已经成为发展组织高层领导者的重要工具。

但随着培训转变为发展策略，高管培训的本质就需要相应调整，从而满足高级管理人员提高作为领导者整体能效性的需求。从补救型培训方面来看，问题或者症状一般比较明显，导师通常主要帮助领导者应对造成难题的一种行为或多种行为。而在发展型培训中，导师成为“组织的声音”，帮助领导者了解其整体行为如何对关键利益方产生影响，如何提高组织实现业绩目标的能力，其中可能涉及改进不太具有建设性意义的行为，更多的是发挥领导者优势，形成具有更大利益的发展型策略。

实现领导力的行为方法

我们常常会觉得领导力难以理解，其中一个原因就是通常在性格层面展开探讨，比如，领导者“天生有魅力”“令人信服”“有远见”或者是“深谙权谋之术”。从性格的角度描述领导力可能具有广泛的教育性，但对个人尝试探索作为领导者如何提高领导力却收效甚微。告诉一个人要更“有魅力”，无法让他弄清楚需要从哪些方面做出改变来提高领导力。

然而，我们对其他人的所有了解都建立在他们的言行——他们的行为基础之上。因此，领导力的特征是我们对领导者行为进行直接或间接观察之后获得的感知。如果我们将难以理解的特征分解为潜在的行为，我们就可以帮助领导者思考如何改变行为，进而提高整体能效性。

近期，我们接触了一位高层领导者，他的情况说明了这一点。在与这位领导者的保密性访谈中，多次听到“优柔寡断”一词。随着进一步的研究，我们了解到在一些会议上，员工预期领导者做出决断，然而他们却发现这位高管只是静静地倾听，却鲜有评论（行为）。会议尾声，她感谢大家后就结束了会议（行为）。与会人原以为这位高管在会议上会有所决断，因此他们认为领导者的行为“优柔寡断”。

我们只是告知领导者，大家认为她“优柔寡断”并没有建设性意义。实际上，如果她仅仅是为了改变他人的认知而盲目制定决策，反而可能会起反作用。但是一旦了解了导致这一认知的潜在行为，只是需要简单的行为调整就可以改变别人对她的看法。

在评估了她的行为访谈数据之后，我们制定了应对“优柔寡断”认知的方案。在任何探讨可能性结果以及做出决策的会议开始时，首先明确并清楚表达需要制定的决策，如何制定（比如达成共识、多数票表决、领导者参考意见决定、领导者独立决定），以及制定决策所需的信息。最重要的是，她要清楚地明确表达何时会做出决策。换句话说，不是要努力做到更“决断”，而是要更*明确的*沟通决策过程。效果几乎是立竿见影的，一个月之后针对她的后续访谈显示，仅仅是在决策过程中做到更透明，她就能够将自己给人的“优柔寡断”印象改变为“非常有决断力”。

人们真的可以改变吗？在导师的帮助下，高管真的可以改变多年形成的根深蒂固的行为吗？答案当然是肯定的。人们一直在改变自己的行为。如果三十年来，你开车上班走同一条路，这时有了更快的路线，很容易就会改掉这个三十年的习惯，更难的是改变促使你评估行为并决定做出改变所持有的潜在价值观。你并没有改变想要尽早上班的价值观，你改变了行为，因为你发现了更有利于实现你价值观的新行为。

培训过程：语境方面与行为方面

随着培训成为培养高管的重要工具，另一个改变发生了。领导者开始要求培训过程紧密结合组织的经营目标。过去，许多导师认为他们的职责仅仅是为客户提供“同情感的倾听以及一些建议”。成功的发展型培训，完全没有减少这种同情资源的价值，而是具有高度的语境性，要求领导者和导师都要深刻理解，高管人员的领导力行为如何支持或妨碍了他在驱动组织发展方面的能力。如今最成功的培训以结构完善数据驱动的方法为基础。我们评估培训成功与否，主要看是否有助于确保组织实现其经营目标。

第一步：了解语境

在大多数发展型培训中，首要目标是帮助领导者了解他的行为如何影响下属、同事以及管理人员，如何影响他实现个人以及组织目标的能力。逻辑上，导师必须最先了解的就是领导者发挥职能的语境。当然，领导力既具有高度的情境性，也具有高度的语境性。

最常见的情境领导力范例被称为“散兵坑”困境。多数情况下，在制定决策前广泛征求他人意见通常会被视作一种积极的领导力行为。然而，当“子弹在飞”——字面上或是象征意义上——征求他人意见需要时间，而且可能说的也都是明摆着不合时宜的话。简单来说，成功的领导者在“散兵坑”里看待事物的角度可能与在会议室里不一样。

领导者所处的组织语境同样重要。一个组织可以接受的情形可能对于其他组织而言就是不合时宜或没有效果的。比如，就我们的经验来看，随着领导者级别的提升，他们所关注的点就应该从日常工作中上升到更具有战略性的层面上来。然而，我们近来合作的一个主营大型综合高风险/低利润项目的组织，即使是最高层的领导者也要求了解每一个项目的具体情况，并参与其中。如果首席执行官问起细节问题，得到的是类似“约翰负责这些具体安排——我和他了解一下情况，再答复您”的回复，就可能会“丢饭碗”。如果以我们的经验来指导客户，那很容易就会使他们脱离自己的组织。

第二步：明确客户独特的立场

培训过程一般始于导师与领导者的第一次会见，初次会见有两个目的：一是了解领导者根据职责要求必须实现的目标和目的。这些通常（尽管并非总是如此）有明文规定。二是导师应该了解领导者个人*的*目标和价值观匹配并支持其职业目标的程度。尽管培训关系中往往忽视这一问题，但却是领导者在岗位上取得成功的关键要素。

我们近来合作的一位首席财务官，职责要求是为诸多广泛分布的操作部门提供支持。他的岗位根据职务要求，每个工作周至少有60%的时间在路上。尽管他个人的价值观和目标肯定包括事业有成，但也包括在家庭方面投入大量时间并承担抚育两个学龄前儿童的责任。

两个角色之间的冲突给他的生活带来持续不断的压力，最终，让他觉得自己的两个角色都没有做好。因此他开始做出决策，能更好地调节和把冲突最小化，他要求组织调整岗位，减少差旅，并放弃了快速提升的事业发展目标，换取更为平衡、压力小一些的岗位。

第三步：收集信息并撰写建议报告

一旦导师和领导者明确了个人目标和职业目标，我们特别推荐进行一系列的访谈活动。既然我们着眼于领导者在组织内的总体影响，全方位地评估通常可以提供最全面的了解。我们通常会与领导者的上级以及多位下属进行保密性访谈。而且，我们经常建议采访几位该领导者的同事；随着领导者级别的提升，他们开始跨越组织边界与他人合作并拥有产生影响的能力，最起码会和与下属共事的能力一样重要。

访谈过程中的挑战在于超越“特征”，确保收集的数据真实地体现行为性。当问到“琼斯先生作为领导者，你对他的印象怎么样”时，大多数受访者会自然地提及一些特征——“他关心他人”或者“他有些傲慢”。但领导者需要了解是哪些行为令受访者产生了“他有些傲慢”的印象（比如，别人说话时，他没有倾听或者没有目光交流）。如果发现建议报告没有提供这些信息，那么他会心生不悦，对帮助他进一步改善没有多大的价值。

除了行为，数据收集的另一个元素也同样重要。我们行为的范畴很大，但其中只有一部分会影响领导力。在收集特征以及行为相关信息时，导师就这些行为对他人的影响进行判断也很重要。

我们曾经合作过的一位管理人员，据观察，他会在周五下午变得急躁，因为他想在周末前完成各项工作。他的下属有意识地在这个时间段避开他。但进一步探究这一影响就会发现大家达成了共识：“我们在周五下午尽量避开他，这没什么大问题。如果我们需要什么就等到下周一。”因此，尽管这一行为影响并不是领导者想要的，但我们在制订培训行动计划时，针对这一行为的解决方案会成为次要任务，因为这个对组织的影响有限。

清楚地了解领导者行为如何对其领导对象产生影响，以及这些行为如何影响组织实现目标的能力，导师可以着手制定建议。但有经验的导师不会建议领导者改变或停止某些行为，而是会一起探讨某个特定行为或行为模式可能造成的影响，建议应该是从何处着眼评估影响，而不是“你应该做出哪些改变”。

近来，我们与一位新任首席执行官合作，在会议上，如果他觉得下属的言行方式是出于考虑自己部门的利益，而没有考虑组织利益，他就会变得刻薄。据这位领导者所述以及我们观察证实，这种狭隘主义是其高层管理团队的一种显著且消极的特征。他的行为是一种有意识的策略，减少组织中典型的利己主义以及局部优化。

我们代表客户在高层管理团队中采集信息，我们了解到他的下属意识到了他对于这种狭隘态度的立场，很快就学会避免容易被他解读为利己主义的评论，因此，他的行为实现了预期的效果。然而，我们也了解到他刻薄反应的可能——团队成员避免对他有任何质疑。所以，领导者得到了想要的，但也出现了一个意料之外的后果：他拒绝了团队成员提出意见并参与其中的可能。

我们的建议是他不用停止他的行为，而是回顾评估数据，充分理解他的行为所造成的影响，然后探讨可行性行为，从而实现想要的影响，但不会带来意料之外不良的后果。

很重要的一点是要注意到这种方法是非主观的。导师不会在这一过程中植入本人的价值观，并指出“这种行为很好”或是“这种行为不好”。总体来说，根本的问题在于一种行为是否支持或者阻碍客户以及组织的目标和价值观。

第四步：计划

对领导者个人以及职业目标有了清晰的了解，并理解了他的行为如何支持或阻碍组织实现这些目标的能力后，就可以制订计划，缩小差距并发挥优势。

此处有两个要点：第一，也是最明显的——这是领导者的计划，而不是导师的计划。导师可以提供建议，并帮助制订计划。导师也可以协助完成计划，以及在评估影响方面发挥重要作用。然而，要由领导者作出决定，掌握改变的所有权，驱使完成计划。第二，计划应该解决最多不超过四个问题，根据对组织的影响从大到小排序。其他客户想要解决，但是影响不大的问题应该暂缓，留待后续解决。行为改变并不容易，野心太大和内容过多的计划很容易无法完成。

适当的情况下，计划也应指出评估中发现的，领导者可以发挥优势的机会。比如，如果评估发现缺乏战略透明性，但善于大型组织沟通，就可以利用后者推动前者，发挥领导者的优势。

计划不必复杂——事实上，越简单越好。应该简洁明了地描述领导者需要采取的行动步骤（行为），这些行为意图解决的问题或是差距，什么时间由谁来完成什么任务，以及导师和领导者如何评估影响。

第五步：执行计划

终于，真正的培训开始了。

到了这一步，培训关系中最终得出的结果取决于评估中发现的差距以及随后的计划过程。导师的角色在于提供支持和建议、进行评估，循循善诱并提供参考。“执行”是领导者的任务，做出改变，确保计划中的目标得以实现。

导师可以发挥的作用包括观察领导者在可以采取新的行为情况下的表现，并提出改正建议以及积极反馈。导师也可以帮助领导者深入思考有助于实现预想效果的方法论、技巧、会议议程以及沟通工具。当然也可以在有需要的时候成为一个“富有共鸣的倾听者”，并提供一些建议。

第六步：评估影响

计划没有魔法。大多数的时候，妥善执行一个考虑周详的计划可以取得预想的结果——但并非总是如此。一旦培训计划得以实施，就会花费大量时间对相关利益方产生影响，导师应该复盘看看领导者是否受到了预期的影响。第二轮的数据收集有两个好处：一是有助于导师和领导者了解需要采取的进一步措施或行动，从而持续促进领导者的影响。二是根据附加数据，领导者可以进一步调整或是开始着眼于次要问题。因为培训过程包括特定的二次评估步骤，这可以为领导者的努力提供一个结果。仅仅是了解到导师将会复盘，询问最初的受访者“他的表现如何”，就会引起领导者的重视，避免在执行阶段仍使用以前的方法。

安全领导力培训

营造真正安全的工作环境需两个不同但又有所关联的要素。第一个要素最明显：组织是否拥有正确的安全启动体系（实践、政策以及程序），并配备辅助的支持体系（奖励与认可计划、补偿计划、沟通策略等）。许多组织重视安全领域启动体系这一方面，并且十分擅长。而且在过去的十年时间里，越来越多的组织认识到组织支持体系中存在不匹配的绩效驱动因素，并采取措施消除鼓励不安全行为的驱动因素。比如危险操作环境中的计件补偿计划。

营造安全工作环境的第二个要素没这么明显，但是或许更重要：组织文化。组织是否具有一种对危险暴露零容忍的文化，并且坚信安全是每一个人的责任？建立正确的安全体系体现了优良的管理。营造对危险暴露零容忍的文化——工作人员与监管人员齐心协力打造安全的工作界面——体现了优秀的领导力。

近来，我们与一家美国大型炼油厂总经理合作的经历体现了这一点的重要性。在过去的几年里，这位总经理大刀阔斧地解决了组织安全启动体系中的诸多问题。他请来了一位在健康、安全和环境方面具有丰富经验的高级管理人员为其提供资源，对组织安全启动体系进行评估并提出改进建议。但多年努力之后，职业安全与健康管理局记录的伤害率并没有持续或显著的下降趋势。

这位总经理有些沮丧，请我们了解他的安全计划并提出建议，从而帮助他"重新振作"。分析开始前，针对他的体系和程序我们先做了安全审计。数据显示该组织已经具备了十分成熟的安全启动体系。新任的健康、安全和环境管理人员工作效果显著。

接下来，我们运用了组织文化诊断工具（参见第四章），着眼于组织内有关安全的潜在态度与认知，相关发现更具有启迪意义。数据显示工厂内好像有一种有关安全的"宿命论"。许多员工、监管人员以及管理人员好像觉得"工作有风险"，而且意外随时会发生。大家对危险暴露不是零容忍，而是好像有一种文化包容，认为风险就是工作的一部分。在这样的工作环境下，无异于鼓励安全捷径。

毫无疑问，这位总经理要对其组织文化负责，我们已经在本书其他章节探讨了领导者在营造安全文化方面的职责。在探讨管理人员培训作用方面，相关的问题是领导者个人行为对文化有什么影响，以及导师如何帮助他分析清楚，并制定行为准则，从而推进安全计划。有了这样的想法之后，这位总经理安排管理人员进行培训。

在清楚了解这位总经理想要实现的目标之后，导师面谈了组织上下多位管理人员、监管人员以及员工，看看是否能指出有利于或不利于实现总经理安全目标的行为。收集到的数据显示组织内有一些有趣的认知。

这位总经理任职三年。整体说来，数据显示他在安全问题方面的一些行为缺乏决断，说到底就是缺乏作为。当前的安全文化由来已久，这位总经理的行为却对其影响甚小。所以，问题不在于他的行为传递了错误的信息，而是他的行为不够积极有力，不足以改变炼油厂员工认知安全的方式。

我们分解了这位领导者的行为组合，并划分为积极行为和消极行为。积极行为，也就是有助于实现其安全目标的行为，包括：一是聘请积极进取的环境、健康和安全经理，并投入资金支持，升级组织安全体系。二是在发言、新闻等途径提及员工时，他通常会把握机会表达他对安全的重视。三是他的直接下属在年度目标中都涵盖安全内容。

与实现安全承诺不符的行为包括：一是姑息尚未导致“重大”意外的危险暴露。大家认为领导者和总经理在应对危险暴露方面，缺乏稳定性而且不够勤勉。二是尽管发言中常常提及安全，但更多的是强调生产力，使大多数人认为安全固然重要，但也不能影响生产。三是在安全领域表现平平的管理人员得到了晋升。四是持续一段时间没有意外发生，对安全的关注度就会趋于下降。五是有人看到总经理“西装革履”地在需要佩戴安全帽的区域溜达，却没有要求他们佩戴安全帽（在面谈过程中这一情况被多次提及，令人震惊）。

数据显示他做对了一些事情，也做了少数错误的事情。然而，总的来说，他的行为表明他并没有充分致力于挑战老旧文化。尽管仅凭他的行为就改变文化是不现实的，然而没有他的领导，他的团队也无法实现预期的目标。我们获得数据之后，下一步就是制订计划改变大家对他在安全方面重视程度的认知，这也是改变氛围关键性的第一步，并最终改变安全文化。

我们与这位总经理的讨论显示，他并没有深入考虑认真对待安全问题意味着什么，以及他在组织取得成功方面发挥的作用有多关键。当他意识到在他的领导下组织安全绩效一般，他就不得不质疑自己的价值观以及情感重视程度。他很快得出结论：他确实重视安全问题并且愿意承担责任，也愿意改变自我行为，从而体现价值。

这位总经理的行动计划目标明确。通过自己的行为，他可以表达并宣扬组织对危险暴露绝不姑息。他力图营造一个人人坚信组织谋求“众人”利益，并以实际行为明确践行这一价值的环境。安全捷径不可取，哪怕会影响到生产。

培训计划的内容同样明确。他开始带着领导团队走出厂区，探索安全愿景。这样的愿景意味着不仅是力求零伤害——这只是评估尺度。还在于明确为了营造利于安全的文化，每一位管理人员和员工所必需的行为。这也解答了以下问题：“如果你在营造有利于安全的文化方面取得了巨大成功（而你看不到数据），你怎么知道呢？组织内的人们在思考和行为方面会有什么不同呢？”

以该愿景作为每一次沟通的基础，这位总经理在每一次演讲、发言或是广播中，深化领导团队在安全领域的重视程度。他提高了安全沟通的水平，并鼓励其他管理人员同样如此。

接下来，他在组织内的每一个绩效计划中都加入安全方面的考虑，且权重高于生产能力、输出或成本管理等其他目标。安全不再是“众多事务之一”；现在是“我们如何完成其他所有事务”。除了形成大力推进安全议程的积极效果外，通过努力明确传达总经理在实现组织安全愿景方面的投入。

这位总经理进一步制定了以员工为驱动的安全过程计划，指导并鼓励员工观察危险暴露情况，并提供反馈从而减少暴露。管理人员和监管人员接受了类似于总经理的培训，从而帮助他们了解自己与维护工作界面安全之间的关系。当然，领导者也应把握住每个机会展现自己的敬业度——再也不要穿着“正装”，不戴安全帽巡视了。

领导力的核心在于培养他人具有以深化组织目标为目的而采取行动的能力。在导师的帮助下，这位总经理能够明确一系列行为，可以表达并强化他在职责范围内对每一个人安全的深入关切，但或许更大的影响是他对“行为影响力”的重视——制定、告知并加强组织内每一个人行为的那些做法。

所以，这是先天本质还是后天培养？通过培训，一位普通的领导者可以成为温斯顿·丘吉尔吗？或许不能。但是就像生活中大多数情况一样，领导力呈中型曲线。一些领导者——或许只是一小部分——天生具有领导力，毫不费力就可以位于曲线右侧。而我们，了解我们的行为如何影响他人，进而调整这些行为，从而更好地匹配目标，必定有助于我们改进并全面提高领导他人的能力。我们可以做得更好。

第八章 监管人员在引领安全方面发挥的作用

本章与金·斯洛特（Kim Sloat）博士联合著作

- 一线监管人员的关键作用
- 沟通技巧——基础
- 稳固工作关系的力量
- 公平决策及其影响
- 匹配：将组织价值与侧重结合到日常工作中
- 安全联络：清楚了解绩效

一线监管人员的关键作用

在大多数组织中，一线监管人员对组织能效性具有关键性的影响。监管人员连接着管理层和工作人员。监管人员的任职时间通常比管理人员要长一些，往往持续多年监管同一个工作组。相比管理人员，他们往往会得到更多工作人员的信任。工作人员通过监管人员了解组织工作的重心与变动，而且他们可能直接询问监管人员某些具体管理安排的用意。更典型的是，监管人员根据自己的经验解读管理安排，并通过指示、非正式表达，以及针对工作人员行为的反应等形式进行传达。在许多方面，工作人员会认为监管人员的言行就是代表着“公司”。也就是说，工作人员对组织的认知经过了监管人员的“过滤”。

监管人员通过多种方式影响安全成果。首先，他们对危险暴露的影响取决于他们是否善于应用安全启动体系与工具，包括安全会议、事故调查、视察、审计以及危险识别与消除等。其次，监管人员在处理工作组内的危险暴露方面发挥着关键的作用。考虑工作人员安全开展工作所掌握的控制精度将有所帮助。范围的一端是胜任的情况——工作人员具备安全开展工作所必需的技能、知识以及资源；另一端是无法胜任的情况——工作人员没有能力安全开展工作。两个极端之间的情况多样且各有各的困难——可以安全完成工作，但是需要付出额外的时间和努力。监管人员利用不同的可用工具，组合处理不同的情况。传达组织的工作重心和价值是监管人员影响安全的另一种方式。某种程度上，他通过明确表述来实现这一点。更主要的是，他通过关键时刻的言行或是不作为来传达组织工作的重心和价值。举个例子，假设一位监管人员顶着压力要将一个关键性设备投入使用，如果他坚持认为即使延迟了设备投入使用的时间，也要遵守安全程序，这就比在每次的安全会议上强调“安全第一”更能有效地传达安全的重要性。最后，因为监管人员与个体团队成员以及组织的互动会影响工作组的整体基调或氛围，所以会影响安全。如果团队成员认为监管人员公平且愿意给予帮助，他们就更有可能为实现对监管人员具有重要意义的目标而贡献力量。如果监管人员认为安全很重要，并且营造了积极的氛围，团队成员就会承担更多的安全责任。拥有一位公平且乐于助人的监管人员，工作组会更有效地运作，而且团队成员也更积极。在这样的群体中，工作人员更有可能会相互照应。

沟通技巧——基础

良好的沟通技巧对于监管人员的能效性具有重要意义。出人意料的是，良好的沟通并非易事。沟通有两个方面——传达与接收。我们对这个世界的认知以及在具体情况下的需求与感觉，会影响我们传达与接收到的信息。这也就意味着我们实际传达的与他人接收的并不一定总是我们意图传达的。我们思考的速度要比说话、倾听、阅读或书写更快一些，这让事情更难办。我们往往会抢先一步预想自己了解别人想要表达的内容或者我们走神了，错过了其中的关键性信息。

监管人员可以通过注意自己传达与接收信息的准确性来提高工作组的能效性。可以通过确认自己理解的内容来做到这一点——确认工作人员理解了监管人员意图传达的内容，而后者也正确地理解了前者的意思。因此，有效沟通是一个积极的过程，而且需要作出一定努力。理想情况下，群体内所有成员都能证实自己清楚地了解情况，并且也得到了理解。但并非所有工作人员都能发挥这样的积极作用。那监管人员就要负责双向沟通，确保工作人员理解他，而他自己也能了解工作人员的意图。

在工作节奏紧张的环境中，花费额外的时间证实沟通的准确性看似有些奢侈，然而，不这样做，就可能会出现误解，酿成灾难性后果。

为了确保大家都能理解，监管人员需要工作组内的某位成员通过语言或行动来让他了解大家的理解是否正确。举个例子，假如这位监管人员需要通过一个新的安全程序，惯常的做法是阅读、展示或发布有关新程序的信息，询问大家是否有问题。没有问题的话，这位监管人员可能就假定工作人员都理解了这个程序。其实，更有效的方式是询问工作组如何在具体情境下运用该程序，通过这种方式或其他类似方式，监管人员可以更好地掌握大家的理解程度。

当监管人员作为接收方时，可以通过运用积极的倾听技巧来改进沟通效果。积极倾听时，监管人员明确地了解他人表达的要点。通过重述听到的内容来积极确认，而非假装都听懂了。表述方可以证实监管人员是否正确理解或是消除误解。

经常性的积极倾听有两大好处：一是出现误解的可能性会很明显地大大降低。误解导致差错、低效以及关系紧张。二是当监管人员运用了积极的倾听技巧，工作人员认为这是尊重的表现——监管人员充分重视，确保自己理解了工作人员的观点。无论监管人员是否认同该观点，积极倾听是对工作人员身份的认可，该工作人员在群体内是一个值得被倾听的人。通过有效的沟通技巧，监管人员可以在团队成员之间形成极大的好感。反过来，团队成员也更有可能会尊重这位监管人员。这些积极倾听的经验有助于有效工作关系的发展或是解决第四章所探讨的领导者—成员交流问题。

监管人员的沟通技巧各有千秋，这些技巧使用的稳定性也是如此。技巧水平一般的监管人员可以通过培训有所提高。任何监管人员都可以定期了解自己的沟通技巧的运用情况以及稳定性（征求团队成员、同事以及上司的反馈意见），从而获得帮助。一个有用的方式是通过 360 度诊断工具来征求反馈意见（参见第三章）。

稳固工作关系的力量

“管理”的定义由来已久，即通过他人完成工作。尽管有些监管人员自己也承担一部分工作，但是监管的核心在于通过激励、协调以及指导他人努力工作，从而实现组织目标。监管人员一直以来的挑战在于如何实现这一点。

人际关系是领导力范畴内至关重要的一个方面。专业突出但不善于经营与团队成员之间人际关系的监管人员和专业水平稍逊但与团队成员工作关系绝佳的同事比起来，工作成效相对低一些。可以理解的是，一个工作组内，监管人员和成员的人际关系质量参差不齐，与某些成员的关系稳固一些，与其他成员的关系可能薄弱一些。然而，不同的监管人员与团队成员的平均关系稳固程度是有差异的，长期来看，拥有最稳固人际关系的监管人员更高效。

人际关系的发展如同一种交换。最初，监管人员分配任务给群体中的新成员。如果表现良好，监管人员就会逐渐给予这位工作人员更多的自主权，经过一段时间，双方相互信任与尊重。稳固的工作关系对于工作人员和监管人员以及组织而言都有好处，参见表 8–1。

表 8–1 稳固工作关系的好处

对工作人员而言	对监管人员以及组织而言
监管人员的支持 对工作满意 资源获取 更大的自主权 开诚布公地交流 对决策的影响 获得更好的信息	工作人员对监管人员满意 工作人员对组织恪尽职守 工作人员整体绩效高 较少需要密切监管 开诚布公地交流 组织公民行为 失误减少

稳固的人际关系建立在几个要素的基础之上，第一个就是信任。信任对于团队成员而言尤其重要，因为他们常常会觉得自己相对处于弱势地位，对自己的地位没有把握。他们对有可能会影响自己在组织中位置的事件高度警觉。相比监管人员而言，他们会花费更多的时间思考两者之间的互动。就监管人员而言，有些事件并无恶意，但下属往往会觉察出其不良动机或其他深意。如果彼此相互信任，团队成员就更有可能选择信任监管人员。监管人员采取值得信任的行为方式可以提高信任水平，其中包括：

- 稳定性：无论时间与情景，行为方式可预测。
- 正直：实话实说，信守承诺。
- 沟通：交流想法和准确的信息，以及决策理由。
- 心存善意：考虑团队成员的需要和利益，注意对员工利益的保护，而非压榨他人。

- 授权与听取意见：分享决策权，提高参与度。

公平决策及其影响

监管人员每天都会做出决策，并影响到团队成员的工作生活。这些决策可能包括岗位调配、工作进度、休班以及工作人员的排班、假期、加班、处罚、奖励以及培训等。当工人们有了工会作为代表，这些决策的制定过程会在合同中讲清楚，监管人员的相对权限就少一些。尽管如此，工作人员还是可能会觉得监管人员做出的决策是有利的或是不利的。

工作人员可能会关注监管人员决策的三个主要方面。

一是结果的公平性。工作人员会关注他是否得到了他认为公平的结果。工作人员会将决策结果与自己想要的和他人得到的进行比较：举个例子，一位工作人员会将他的工作分配与他的预期进行比较，也会和他人的工作分配进行比较。不可避免地，监管人员做出的决定会让某些工作人员不满。用亚伯拉罕·林肯（Abraham Lincoln）的话来解释，你可能有时会让所有人满意，或者总是让某些人满意，但你无法一直让所有人满意。可以预见的是所有团队成员会不满于某一个决策或者是另一个决策。因为许多人心怀积怨，毫不意外的结果就是工作组的成员都觉得不尽如人意，与监管人员或是彼此之间关系紧张。

二是程序公平。尽管有些工作组确实运转不畅，监管人员制定的决策会让某些团队成员不满，但这并非不可避免。因为针对有关决策，还有另外会影响到成员如何看待结果的方面，那就是有关决策*过程*的判断，也称为程序公平（参见第四章，有关程序公平的评估方法）。如果结果看似不公平，但是监管人员通过公平的程序做出的决定会让工作人员不满的可能性小一些。工作人员似乎也意识到无法让每一个人都满意于每一个决定，但如果监管人员以公平的方式制定决策，长期来看，大家还是会有公平的机会实现想要的结果。员工认为公平的决策程序象征着对自己的尊重与关心。这将导向他们的正向反馈。

公平的决策过程需要哪些要素？一般包括以下方面：

- "民意"：确保考虑到相关人员的关注点、价值观。
- 稳定性：无论人群、情境以及时间，采用同样的标准（至少短时间内如此）。
- 消除偏见：避免因个体的个人利益或感觉影响到决策。
- 准确性：充分考虑所有相关信息，确保准确、通用以及完整。
- 可修正性：给予工作人员针对决策或程序提出上诉的机会，且不予惩罚。

三是互动公平。决策的第三个关键方面是在制定过程中，监管人员如何对待他人。与公平程序一样，公平对待有助于克服对结果的失望。不幸的是，监管人员有时会想要维护不受欢迎的决策，这种防御性会使得情况更糟糕。如果监管人员公平对待他人，那么工作人员就更难以指责监管人员了。

公平对待包括及时并准确地沟通、积极倾听以及尊重工作人员等，也可能包括：

- 借口：描述不在监管人员掌控范围内并影响到决策的情况。
- 正当理由：概述决策背后，体现整体公平性的考虑。
- 道歉：承担不利结果的责任。

监管人员可以提高决策的公平性吗？可以。有证据表明专门针对公平决策的培训可以改善工作组内有关公平对待的认知。

匹配：将组织价值与侧重结合到日常工作中

大多数组织始终面临着多重重要任务，承担着极大的成本与生产效率压力。人手越来越少，事务越来越多。项目一个接着一个，都很重要，时间十分宝贵，但还是有源源不断的会议和书面工作。监管人员如何在越发有限的时间里应对各种要求，特别是在安全方面？

一个有效的策略是确保专心完成特定活动的时间达到最高效，并利用这段时间实现多重目标。在大多数组织中，监管人员都肩负着具体的与安全相关的工作。比如安全会议、五分钟安全讲话、轮班前会议、安全监测等。这些活动会在组织发展历程中的某些节点上，出于某些特定原因而引进——有人发现安全计划有缺口，实施活动弥补缺口。长期来看，这些活动的目的普遍丧失了，开始变得名存实亡——开安全会议是因为“一直”都开，但少有人会思考会议的组织目标。

提高已经投入安全方面的时间实效性有两种途径：一是从安全立场明确活动的目的。假设我们让同一个组织的一群监管人员写下特定活动的目的，比如事故调查，他们列举的内容有些会重叠。有些内容甚至会出现在每一个列表当中，但列表不会完全相同。即使是重叠的内容，有些描述清晰明确，有些描述则会模糊，结果就是不同的监管人员列举的事故调查目的会有所差异。如果安全计划的相关监管人员和管理人员对于内容的目的性能够达成一致，则会始终如一地有效。有了一个清晰的目的，进而可以评估目的达成的程度。二是明确可以通过安全活动实现其他组织目标。比如，效率更高的人员配置会促使形成提高个体主动性的组织目标。如果安全活动也能够帮助提高个体主动性，则组织的价值也会得到加强。一位监管人员可能会思考如何通过事故调查提高个体主动性。调查过程中的每一步——上报事故、慰问受伤员工、调查事故原因、跟进行动方案，以及调查结果分享与应用——有可能存在提高个体主动性的机会。这些机会不仅是对于受伤群体而言，也可能是同事、监管人员以及其他部门人员的机会。

监管人员可以通过特定方式实施安全活动来加强安全，或许通过与团队成员的日常接触会更有利。在班前会议上，监管人员不仅可以强调需要完成的工作，也可以让团队成员探讨潜在的安全隐患，以及安全工作所必需的工具、设备和计划。

安全联络：清楚了解绩效

监管人员很容易忽视工作组当中最重要的暴露问题。监管人员都极其忙碌，书面工作以及会议也会占用本可以用于工作区的时间。当其经过工作区时，只有比较明显的暴露才有可能会被注意到，比如在生产区域没有佩戴护目用具。当工作人员提出问题，一般都是设施或设备方面的问题。这样的问题往往都很重要，应当妥善处理。伤害暴露涉及活动于直接工作环境中的工作人员，监管人员可以通过重点关注最常导致伤害的，以及最有可能导致重大伤害的暴露问题来改进安全。有时可以通过改变设施与设备、设计或程序来处理这些暴露问题。

让工作人员参与到识别暴露问题的根本原因的过程中，有助于其了解并解决这些根本原因。最有效的方法是监管人员利用时间视察工作当中与安全相关方面的完成情况，对于安全完成的工作给予积极反馈。在制订应对危险的行动计划之前，与工作人员探讨暴露问题，确定需要如何做从而使工作任务更安全，将会有所帮助。

当组织运用以员工为驱动的过程时，关注改进工作界面（参见第九章），这一方法最为简单。多源数据收集的信息有助于关注改进的努力。如果缺失这样的过程，对监管人员的行动会有更高的要求。即使采用了数据收集，监管人员和团队成员之间有关减少暴露问题的直接互动也是必需的。

第一步要明确应该关注的暴露问题是哪些。根据已有的数据收集过程，数据会指向最高的风险或是最大的暴露情况。另外，可以采用的方式多种多样，包括伤害回顾或事件报告、安全专业人士的评论，以及工作组讨论。往往最重要的暴露问题无法通过随机观测而识别出。

第二步是制订计划，展开安全联络。旨在让监管人员与工作组的每一位成员定期联络。短则每周一次，长则每月一次，与每一位团队成员联络，将会有所裨益。保持的联络记录以及观察到的工作情况，对确保获取工作的代表性样本，将非常有帮助。

第三步是建立联络。目标是关注工作安全方面的完成情况，重点在于工作群体内暴露的问题或是最高风险的情况。联络应该公开且明显，并事先与群体讨论，旨在探讨联合改进安全的有效方法。根据任务，通常五到十分钟的观察时间就足够了解清楚哪些方面做得好一些，哪些方面需要改进。安全联络最重要的部分依序是观察、反馈和讨论。对于监管人员而言，最有效的策略可以从积极反馈安全完成的内容着手。接下来，监管人员鼓励探讨一切可能将工作人员暴露在危险中的情况。有关暴露问题的探讨是有所改善的最大机遇的目的在于发现暴露问题的来源以及对其如何处理。

第四步是后续跟进强化联络的影响。监管人员和工作人员制订的计划要求其中一方或者两者采取某些行动。关键是监管人员需要做到两点：一是要完成自己的任务，并沟通反馈已经完成。贯彻到底对减少暴露问题具有关键性意义，也有助于树立他的正直形象。无法完成商定的任务，会影响大家对其正直形象的认知。二是监管人员必须跟进了解团队成员是否履行义务。如果是，监管人员可以给予积极反馈，这种互动有助于强化工作关系。

定期安全联络强烈地传达了监管人员对安全的重视。有些团队成员在考虑其他组织要求，比如生产要求时，常常会对安全的重要性感到困惑。一方面，他们在安全会议上，可能会听到对于安全重要性的强调；另一方面，日常工作中可能表明生产最重要。如果安全信息大多是在特定时间或事件期间［安全会议、非正式简短会议（tailgate meetings）］传达，就更有可能会产生这样的困惑。监管人员可以传递始终如一的信息，减少困惑，而定期安全联络就是实现这一目标的有效方法。

第九章 减少危险暴露的系统化过程

本章与医学博士约翰·希德利（John Hidley）联合著作

- 参与与合作
- 积极参与安全工作
- 安全改进机制
- 实施过程
- 每一个层面的作用
- 领导力以及减少危险暴露
- 着手开始
- 有何期望

系统化减少危险暴露需要领导者和工作人员展开积极合作。工作人员的任务是了解并支持这一过程，他们也将直接从中获益。领导者发挥的作用有所不同：营造重视安全的文化。二者都是实现最优结果所必需的。最有效地减少危险意味着要采用方法论进行识别，进而消除或控制。当各层面的员工都积极致力于追求安全时，将会更好地实现这一目标。

参与与合作

实现安全需要每一个人*自愿的*参与——不仅是参与，还是积极且全心全意地投入。这种投入程度很容易实现，但是能否达成，主要取决于领导层营造的氛围。安全成功的关键在于各级别领导者通力合作，实现打造安全工作场所的共同目标。

我们反对有时会出现在安全讨论过程中的分裂，即劳资双方在安全方面的利益不同且对立。安全改进是一个建立在所有工作人员和领导者精诚合作之上的过程。每一个人都要发挥作用，而且安全改进过程的稳健程度与每一个人各自任务的完成程度直接成正比。

工作人员通常处于暴露中，并了解为什么要这样做。他们的参与对于明确如何做出改变具有关键性的意义，因为是由他们完成工作，所以他们真心地支持改变对于成功地维持改进而言具有必要性。但是工作人员无法决定资源的可用性及其分配，体系维护的相对优先权或者是既定的体系改变将如何影响其他体系。领导层必须具有这样的领导力，这也是取得安全成功的需要。

工作界面

我们一直在本书中强调设备、设施、程序以及行为共同构成了工作人员活动与技术之间互相作用的环境。我们将这种互相作用的环境称为工作界面。

工作界面是安全绩效改进的核心议题。正是在工作界面中，伤害会出现或是被避免发生，也正是在工作界面中，安全干预措施产生影响。在任何规定的时刻，一个特定的界面或多或少都是零暴露。当界面中充满暴露问题时，伤害就会随之而来。真正想要实现零伤害工作场所的组织，必须持续不断地保持工作界面的零暴露。安全改进的任务就是要求动员各个层面的员工，通过识别并消除或控制工作界面的危险，来减少暴露问题。

责怪的不利之处

责怪总是适得其反。当伤害或是意外发生时，重要的问题不是谁应该承担责任，而是可以从伤害和意外中学习到什么，进而避免意外再次发生。这看起来很明显，但很容易就陷入责怪的陷阱："如果工作人员没有靠近运转中的造纸机，就不会失去手指。就那么简单！"

当然，事情没有那么简单。责怪员工可能很容易，但忽视了工作当中更深层次的组织原因。员工感受到的生产压力有多大？设备设计达到最优化了吗？工作人员经常靠近运转中的机器吗？当工作人员靠近运转中的机器时，监管人员忽视了吗？

责怪招致责怪，并会产生分化。

"*如果能够更好地维护公司，没有制定几乎无法关停机器的日程安排和生产压力，这位工作人员也就不会试图手动清理机器。*"

应该从一开始就拒绝这种过于简单化的二分论："这是谁的错？"责怪违背了实现综合有效安全解决方案所需要的合作。大家必须*愿意*参与识别危险与执行解决方案。

如果情况已经两极分化，领导者可以采取的最有效的第一步就是拒绝责怪。任何综合安全解决方案都包括拒绝责怪，关注合作解决方案。

领导的机遇

改进安全绩效关系着劳资双方的切身利益。

工会主义源自保护工作人员的需要。确保工作人员安全是工人领导者的核心任务，也是指引工会领导者行为的要务之一。

管理层面临着停工、直接和间接成本以及公共关系问题等暴露的风险。总的来说，世界级安全绩效是世界级绩效中的一个战略要素。而且组织有道德上的义务为工作人员提供安全的工作场所，保护工作人员免于事故和伤害。

齐心协力避免此类曾导致截肢的造纸机困境，管理层和工作人员不仅能够实现更安全的工作界面和更少的伤害，也能够确保更持续以及更可靠的生产流程。

成功地应对共同的安全改进挑战，可以为实现共同利益而开展的其他通力合作奠定基础。安全领域是劳资双方齐心协力并建立信任的理想阵地，对双方都有裨益，也将促进其他互惠互利的合作。因此，劳资双方通过合作避免伤害，并都大有所获。

这意味着安全为公司以及劳工领导者提供了巨大的机遇。既然安全对于二者都具有战略重要性，这就为制定共享核心价值观和目标：关心员工的福祉，提供了机会。此间，公信力可立可丧；重视员工成为事实或是沦为空谈。通过切实行动为员工谋求福祉而赢得的可信性是无价的，而且最重要的是，这样做也是正确的。

积极参与安全工作

如何让各级员工积极参与安全工作?

领导力愿景与沟通

安全改进会带来很多收益，但并非对每一位员工来说都是显而易见的。当大家都安于现状，领导者必须有愿景，可以看到如何做出改进。领导者最先感知需求——因此也是机遇——并最先明确前进的路。

领导者必须能够让大家认识到这种需求，并动员其他人在这一过程中不断识别并消除暴露。动员各级别所有人对领导者取得成功而言十分关键，因为单凭个人无法实现改变。其他人拥有所需要的能量和知识，帮助制定解决方案并确保方案成功执行。他们往往了解领导者并不知情的具体情况。在组织内共享信息对于暴露的识别和消除而言极其重要。

领导者在动员他人方面发挥的作用

正规公司的领导者如何成功提高在安全过程改进方面所需要的参与度和沟通能力？领导者需要指明方向并营造实现成功的氛围。

除了避免“责怪”文化，公司领导者千万不能姑息“杀死报信者”的观点。安全相关的沟通需要相关信息持有方与需求方顺畅迅速地交流。

在第四章，我们探讨了大家参与沟通的意愿程度是文化属性的一部分。如果组织内的员工认为组织缺乏公平性（程序公正）而且对管理层信任度低（领导者—成员交流），就不利于促进员工在安全过程改进方面付出额外的努力。

组织内各级员工需要找到各自为应对安全挑战可以作出贡献的方式，集思广益如何改变体系，从而实现更高水平的安全绩效。如果大家肯投入时间和精力，就希望可以体现出自己的关心并切实产生影响。因此，大家致力做出的改变肯定是真实的，而且对安全绩效具有实质性并可衡量的影响，可能包括以下方面：

- 提高响应已识别暴露的时效性。
- 改善安全相关信息在运营决策方面的应用。
- 改进程序遵从情况。
- 加强事故上报力度。
- 完善事故调查过程。

在工作人员层面，领导者需要：

- 告知并帮助设计和改善计划。
- 在介入过程中，发挥关键作用。
- 在识别暴露以及提出应对建议方面发挥积极作用。

安全改进机制

持续不断而非一时兴起的安全改进，需要建立不断改进形成常规的机制，并且要有相应支持的组织文化。本章所述内容旨在减少伤害。我们介绍的内容不应被误解为新的安全计划，因为安全计划常有变化，我们力图构建的机制将不断改进。

减少风险暴露的核心机制由五个综合系统化子过程构成：

- 识别风险暴露。
- 收集有关暴露发生情况的领先指标数据。
- 运用数据向组织提供有关暴露及消除状态的反馈。
- 基于领先指标数据减少暴露。
- 基于相近差错和伤害经验更新过程。

许多公司已经应用了这些过程当中的一个或几个方式，但除非系统的综合部署，否则就无法构建可靠的机制，那么实现的结果就无法保持一致，也无法达到最优。

尽管这些过程可以以许多不同的方式实施，但这些都关注于工作界面的危险，以及员工如何暴露在危险之中。我们需要实施五个全部的过程，从而最大化组织各级别人员的参与机遇。这在实践中看起来就是实施环境的一个功能。

识别暴露问题

暴露减少与所有员工都切身相关。因此，如果他们期望采取行动，识别暴露的机遇就会激发他们参与其中的积极性。安全改进过程的设计需要提供诸多机遇促成这一点。

- 一线员工可以与监管人员、管理人员以及安全专业人士共同致力于识别暴露问题。
- 监管人员和管理人员可以研究体系，以及报告由经营决策导致新的暴露方面的运作情况。

- 完成最近一段时期的所有伤害和相近差错的根本原因分析。根据分析识别工作界面的暴露问题，并根据类别分类，最后制定作业定义，明确说明构建安全工作界面的要求。

收集数据

收集危险暴露的相关数据为以下几个方面提供了信息：①提供持续的绩效领先指标；②明确具体的改善内容。有关暴露频率的数据可以体现并证实资源分配。基于这一目的的数据收集具有极大的激励性，因为这可以切实地产生影响。

收集数据可以通过多种途径有效完成。可选方案包括检验工作过程、与工作内容涉及暴露的工作人员面谈或是观察进展中的工作。这并不一定是安全观察；观察是收集数据的一种方式，但不是唯一的方式。在危险暴露方面收集数据并不只有一种“正确的”方式。选择数据的收集方式时，要考虑现有文化的性质以及工作人员会如何看待这个考虑中的具体方式。

另外两种数据的收集方式是追踪安全建议和行动项目。而且在一些办公应用程序中，针对周期性的邮件提示，工作人员通过自我报告以及标准化的工作站评估来收集人类工程学信息。

利用数据提供反馈

高绩效的组织具有富于反馈的环境。他们的机制促使这些反馈关注于暴露问题的识别与消除活动。他们清楚地认识到这些活动对于组织和工作组的重要性，有助于实现组织文化中安全的价值。

很重要的一点是组织需要通过量化的方式，了解改进工作界面这一极具关键性任务的完成情况。既然这项信息是一个领先指标，那么工作人员和领导者了解具体情况也具有重要意义，既是对取得进展的评估，也是对行动的呼吁。

利用数据减少暴露问题

一旦识别暴露问题，领导层可以采取行动，通过分析数据，根据每个暴露可能相关的伤害频率和严重程度优先处理，并制定改进目标。

利用分级控制，具体来说，这个子过程旨在减少暴露问题，利用尽可能顶级的控制策略，并根据需要增加额外的较低水平的控制，在可能的合理范围内，根据频率和严重程度配置足够的人员，比如：

- 消除：从根源处消除危险。
- 代替：替换危险程度较低的程序或化学制品。
- 工程设计：机械设备配备守卫或联动装置。
- 管理：实施安全政策和程序。
- 个人：使用防护设备，相互照应。

工作人员可以为高层干预提供有价值的意见，而且他们的参与和合作可以加强改进过程。

暴露问题的减少过程通常利用组织已有的解决问题机制。这些可能需要结合暴露数据以及工作人员的意见进行相应调整。理想情况下，问题应该是工作人员和监管人员能够解决的，要求更多的资源投入或是具有系统基础的问题需要更正式的过程。

实施计划减少或消除暴露问题之后，通过数据收集过程证实计划是否有效往往被忽视了。因为涉及工作人员与技术之间的相互作用，其暴露很少呈现静止状态。因此需要检验常识性预判，从而确保暴露问题已经消除，工作界面是安全的。

更新过程

更新过程有两个方面：

一是评估改进过程与不断发生的具体伤害、相近差错之间的持续关联性。旨在根据当前暴露的问题校准安全机制，概述如下：

调查每一个事故和相近差错的根本原因，找出相关暴露问题。审查暴露数据，判断这个暴露问题之前是否被识别过。确保收集的数据包括事故和相近差错中识别出的暴露问题。

调查安全改进工作力度，判断是否需要调整某个子过程从而增加或维持安全改进过程的影响。比如，在需要识别新的暴露的工作界面中，其配置是否发生了显著改变?

二是组织并非一成不变。当今，或许比以往更甚，生活之道在于变化。目的、日程安排、设备以及工作人员会随着时间改变，有时变化很快。这就意味着子过程实施时的人员和挑战会在几个月或几年后发生改变，因此必须定期回顾，从而确保最优状态。领导者需要参与更新过程，并更新形成安全改进机制的其他四个过程。

实施过程

与安全改进范畴内的其他内容一样，实施过程为促进组织上下共同参与提供了机遇。各个级别的员工得到了一个发挥安全领导力的机会。

执行团队组建

大多数情况下，为了实施系统减少危险的过程，我们会组建一支团队。最有效的执行团队包括跨部门的员工以及一位管理层代表，其负责向领导团体推进这个过程。如果有工会，应该增加一位同级的领导层代表。代表劳资双方的个人应精诚合作或致力于建立良好的合作关系。

团队成员应该是天然的领导者，深受同伴信任和尊重，并且能够代表组织的不同部门。选择他们主要是考虑到他们献计献策的能力、对安全的奉献精神以及对过程的热爱。有用的才能和背景经验包括：

- 对组织的了解
- 时间管理技巧

- 沟通技巧，包括公开演讲
- 培训有效性
- 计算机技巧
- 人际交往能力
- 任务导向
- 团队建设经验

显然，没有人是全能的，但团队作为一个整体要具备这些技能。这个代表组织内所有关键群体的团队必须足够精简，从而更有效率，团队人数通常不超过 12 人。

如果组织拥有 500 名以上的员工或是分布范围广泛，就有可能需要更多团队。这种情况下，各个小组共同的汇报对象无论是个人还是群体（通常是高级管理层团队），都应该制定协调机制。

执行团队章程

团队工作包括：

- 组织并参与当前状态的评估。
- 与组织沟通评估发现。
- 设计并实施形成危险减少机制的五个过程。
- 沟通并赢得对过程的认同。
- 实施各个过程。除了各个过程中的具体步骤，也包括：*招募其他人参与各种过程；开发并开展适当的培训；审查过程质量并在需要时提供改进干预措施；协调并结合各个过程，以及其他安全体系的过程。*
- 评估过程的健康情况。
- 向管理层、劳工以及组织详细汇报进展、问题以及障碍。
- 与劳资双方合作，克服障碍。

尽管执行团队在过程中发挥核心作用，组织里的每一个人也都有其作用，但是这些作用需要参考相关人员的意见来明确。

每一个层面的作用

工作人员的作用

每一位工作人员都想要积极地参与到伤害预防当中来。工作人员可以承担特殊任务，从而更正式地参与其中——从出席安全会议到参与安全问题解决或是承担特殊任务，比如成为执行团队的一员。无论他们参与的形式是什么，都应该得到监管人员的培养和认可。

监管人员的作用

监管人员的领导力建立在与下属之间的关系上（参见第八章）。这种关系必须具有可信性，而且旨在加强组织功能的各个方面（参见第四章）。

监管人员支持过程，必须做到以下关键几点：

- 在与下级安全沟通时，避免责怪并巩固哪怕是很小的进展成果。
- 为执行团队成员以及积极参与过程的其他人提供所需的时间和资源；解决由于需要离岗而对他们造成影响的后顾之忧。
- 及时贯彻安全承诺。
- 有减少危险的工作状态，并频繁提出反馈。
- 在经营决策中明确体现安全方面的考虑。
- 鼓励、认可并强化工作人员的安全活动。
- 在安全方面——无论是对上级还是下属——有效沟通。
- 必要时发挥更具体的作用。

管理人员的作用

问责制和绩效机制需要关注强化管理人员成功履职的能力。管理人员的其他重要方面包括：

- 听取执行团队及其他人有关过程健康状况的意见，并共同努力提高。
- 监督并加强监管人员在过程中发挥作用的绩效。

- 积极加强与上级就安全问题的沟通。

领导力以及减少危险暴露

我们的研究显示成功的过程具有领导者及管理层高质量的支持。领导者为实现安全所做的一切都是为了促进组织内上下一心投入安全领域。正是这种投入取得了安全结果并确保了可持续性。某种意义上，持久不变的投入*是*一种文化变革。这正是各个级别领导者齐心协力共同追求的结果。

做好铺垫

减少危险暴露是一项组织发展任务，就好比建造一座花园，第一步就是要准备好花园里所需的土壤，做好铺垫。

组织的最高层级领导者必须最先着手安排准备工作，支持改进安全的倡议。这就意味着既要坚持把握住挑战与机遇的紧迫性，又要广泛探寻解决方案。领导者肩负把握大方向的职责，他人无法轻易代劳。

在没有得到组织内更高层领导者的明确支持时，现场领导者无法开展工作。因为没有得到高层领导者的认同而开展工作，会显得有些轻率。他们在这一过程中的作用在于支持现场领导者对方向的把握。现场领导者应该及时向高层领导者汇报进展与结果，从而便于高层领导者发挥职能。在许多组织中，现场领导者会要求执行团队成员出席公司安全会议，既是工作中的特殊待遇，又是为了得到更高层面的关注和支持。

接下来，高层领导者必须确保所有其他的最高层级领导者——组织层面以及工会领导——统一战线，目标一致。这种统一战线千万不能想当然。往往这些领导者都会有所保留。有时他们不愿开诚布公、毫无保留，但是随着进程的推进，却必须如此，否则解决不了他们的问题。

首先，统一过程必须明确了解现状、预期目标以及二者之间的差距；其次，需要明确行动计划以及问责制；最后，所有领导者必须在以下方面达成共识：

- 想要实现的目标是什么及其理由。
- 打算如何实现目标。
- 过程中对每个个体的要求是什么。
- 如何评估大家的绩效。
- 如何判断是否取得了成功。

最佳实践

为了解过程中对领导者的要求，必须根据第三章探讨的七种领导力最佳实践，识别并明确需要采取的行为，其中包括针对当前管理方式需要做出的改变以及有助于实现安全过程的工具。第三章探讨了这些实践以及如何应用，从而营造有助于安全过程发展壮大的氛围。

相应部署这些实践计划，从而推进形成安全改进机制的五个子过程。各个组成过程为领导阶层表现其支持力度提供了机遇。比如愿景应该包括所有这些过程，还有以下一些例子：

- 识别暴露：体现了行动导向，完成过程中也体现了沟通、协作以及认可等。
- 收集数据：基于事实的决策树立了可信性，而且完成过程也体现了沟通、协作以及认可。
- 利用数据提供反馈：使用暴露数据提供绩效反馈，营造了富于反馈的环境以及问责制。
- 控制危害：采取联合行动应对危害信息，致力于消除危害，并沟通结果，树立可信性。
- 更新过程：更新要求有愿景、致力于长期目标以及行动导向，可以树立可信性。有效更新需要能够体现协作、沟通、反馈、认可以及问责制。

着手开始

评估是做好准备的第一步，领导者可以自问为什么想要实施安全改进计划，如何与组织的战略目标相关联。

- 我希望可以传递什么价值。
- 公司里还有谁会认为有价值，谁持不同意见。
- 我有多少时间可以用于安全改进过程，并传递这一价值。
- 如果不实施安全改进计划，或是没能实现以上价值，对我本人以及组织有什么后果。

以上考虑有助于了解想要实现目标的重要性，并指明操作过程中的限制条件。现在所需要的可能就是一个成功的示范项目，或许首要目标可能是具有实质性的文化变革。可能时间充裕——12 个月甚至是几年——或者也可能需要立见成效。

实施安全改进计划的方法有很多种。实际方法必须与目标、限制条件以及可用资源相匹配。哪些组成对于实现目标最具有决定性？是否可以独立实施？是否可以作为阶段性全面实施的第一步？还是最好一步到位？这些问题均需考虑。

诊断当前状态

一旦领导者明确了想法，接下来就应该考虑当前的状态、了解想要变革的文化，做到扬长避短。如果计划在整个组织里执行一个完整的过程，那么评估组织文化则是尤为重要的一步。组织文化诊断工具或是类似的工具有助于解决这一问题，而且往往会促进变革的积极性（参见第四章）。采用组织文化诊断工具并根据发现做出响应，可传递所有所需信息。

从领导层开始

如果过程循序渐进，那么前期重要的任务往往需要重点关注，从而赢得其他领导者的理解和支持。其中包括以下几点：

- 培训报告。
- 领导人研习会，致力于安全愿景与统一或是其他制定有效方法的前期准备工作。
- 一对一的高管培训，从而培养引领与管理组织发展/文化变革所需的安全领导力技巧与能力（参见第七章）。

从监管人员开始

作为一种选择，最好从监管人员开始。快速见效的最好办法可能在于监管人员技巧的培养，并培养新技能，从而建立有利于营造健康氛围的人际关系。再次强调，作出这一决定关系到对当前状态的精准分析。

总结

评估是否准备好展开一项新的安全改进计划并进行推进，需要考虑以下重要内容：

安全与组织战略目标之间的关联有多紧密？

领导层的安全愿景表述有多清晰明确？

高层领导者统一程度如何？

组织内各个级别对该愿景的支持程度如何？

领导者和管理人员在承担组织发展任务方面的水平如何？

监管人员在与工作人员维系恰当关系方面的水平如何？

工会领导与管理层领导者在实现共同目标方面合作的可能性如何？

有多少资源可以用于完成任务？

组织中哪个级别或是团体最有时间用于完成任务？

潜在的拥护者、支持者以及阻挡者是谁？

有何期望

当组织中各个级别的人团结协作，开诚布公地沟通；能够识别、评估各种暴露问题，给出并接纳相关反馈意见，有效地应对工作场所中的危害；持续提高安全绩效，并以有助于提高组织文化诊断工具分数的形式进行互动，这将有助于推动组织在营造零伤害文化方面取得长足进步。与此同时，也将会避免许多伤害的发生，并形成一个具有前瞻性、不断改进的安全过程。

PART 05

第五篇 应用

我们对人为绩效相关的重要内容以及提高参与积极性的有关办法有了一定的了解之后，做好了制定具体干预措施、实现安全改进的准备。我们可以利用目前掌握的所有学习内容制定最佳解决方案，从而实现我们组织的特定需求和目标。在本章节中，我们将着手于系统评估需求，制订干预计划并研究一些具体的过往案例。

第十章 谋变：制定干预策略，实现安全改进

本章与医学博士约翰 · 希德利（John Hidley）联合著作

- 制定有效安全改进策略的重要意义
- 为实现安全改进制订战略性计划
- 安全改进战略性计划的示例
- 总结

本章中，我们将探讨如何制订有效的战略性计划，实现安全改进计划。完成战略发展和开始执行的时间节点可能并不总是很清晰。回顾取得成功的变革计划，领导者往往意识到只有对现状和想要实现的未来有了清晰的了解，改变才真正开始。尽管如此，将战略发展和执行看作两个分开的部分，也有益处。

制定有效安全改进策略的重要意义

我们对实现良好业绩的重要性都有所了解。我们参加相关研讨会，阅读有关书籍和文章，我们也曾致力于提高组织制定和执行有效策略的能力。令人惊讶的是，许多我们在安全改进领域合作过的公司往往并没有意识到需要制定有效安全改进策略。高层领导者认为必须有所改进，并探寻相关办法，但往往没能制订出战略性计划或是还在观望，直到资源被浪费，白白丧失了机遇。

我们认为，一个战略性计划包含旨在实现一系列目标的综合性行动计划。如果领导层团队缺乏明确的策略或是理解和支持的程度不够，成功执行的可能性都会大大降低。

安全改进的战略性计划应该包括以下内容：

- 可以用简短愿景宣言概述的一系列具有行动意义的目标。
- 对当前状态的评估，明确与想要实现的未来状态之间的具体差距。
- 设法减少差距，落实具体责任人干预计划。
- 详细说明成功之道的关键成功因素。
- 监控改变过程的措施。

规划过程并不会因为完成计划而结束。随着计划的实施，往往需要根据新的信息和发现进行修改及调整。

为实现安全改进制订战略性计划

我们将在本章后面的内容里，介绍一些安全改进战略性计划的示例。目前，我们将叙述安全改进战略性计划的核心内容。

目标与愿景宣言

组织在安全改进过程中真正想要实现的目标是什么？组织在这个问题上往往会想得有些狭隘。“我们想要将整体事故率从当前的 2.1 降低到 1.0 以下。”“我们想要营造零伤害文化。”“我们想要阻止意外死亡事故的发生。”

这些目标都很好，但并不全面。实现改变的持久性有多重要？组织在追求降低事故发生率时，是有信心维持在较低水平并不断改进呢，还是并不考虑是否会有反弹？之前的举措是临时性的吗？对组织文化而言有多重要？安全举措对其他实施中的举措有所补充是否重要？如果是，需要考虑哪些方面，从而确保各项举措的有效结合？这项举措是以安全改进为主，将领导力提升作为一种途径以及附带影响，还是最主要的目标在于领导力提升，安全改进只是附带影响或是切入点？是否想要实现文化变革从而支持安全工作，还是文化变革只是广泛意义上绩效的关键组成？

除了目标或愿景的概括宣言，还应该具体阐述想要实现的未来状态。比如，有一个简短概述，“我们想要成为行业翘楚”或是“我们想要在安全绩效方面成为世界一流”或是“我们想要实现零伤害文化”。但也应该在实际操作层面有几段内容明确未来的状态。领导者们在最开始往往并没有完全明白这一点，只有在完成差距分析之后才清楚明了。

对当前状态与想要实现的状态之间差距的评估

愿景奠定了广泛意义上的基础，但有必要了解当前状态，从而明确想要实现的未来状态。组织缺乏这方面的关键信息，就不可避免地会做无用功，追寻错误的目标，低估或是高估一些改变的必要性。

如何评估当前状态？第一章节中介绍的组织安全模型提供了一个审视当前状态的杰出框架（图 10–1）。

第一章节中我们详细讨论了这一模型，因此此处仅做概述。安全改进意味

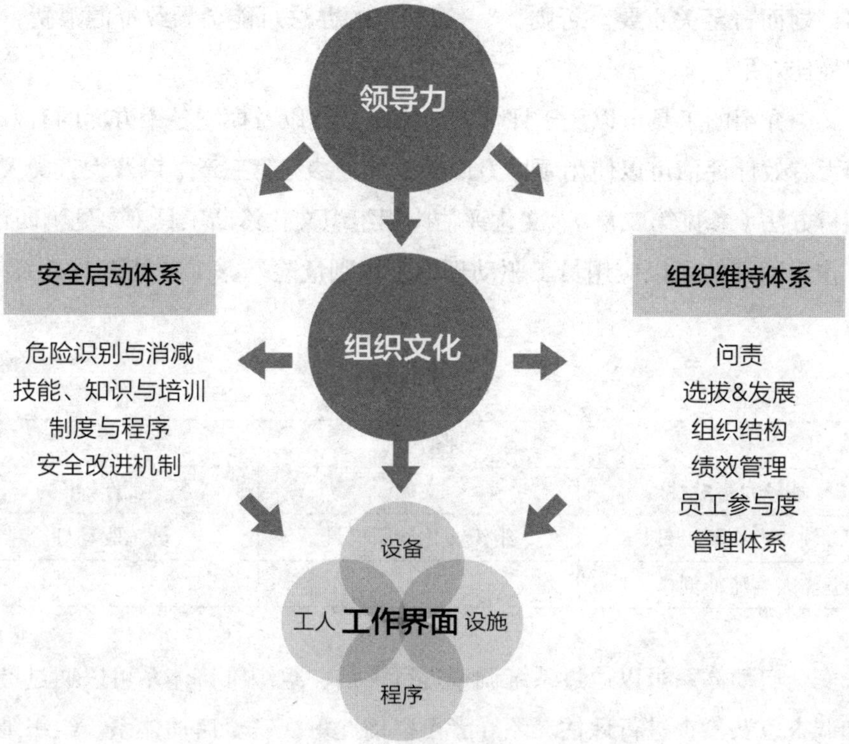

图 10-1 组织安全模型

着消除工作人员与技术相互作用的过程，也就是工作界面中出现的危险。安全启动体系是组织控制危险暴露的核心安全计划和过程。组织维持体系是支持并维持安全体系的组织体系。文化是驱动组织并定调安全的价值观，体现了对安全工作的重视。领导力是组织安全模型中所有要素的力量来源，并形成文化，确保两套体系各司其职并最终实现对工作界面的系统管理。

宏观层面上，大多数组织可以很快地在组织安全模型中看到自己。可能安全基础设施已经完备，但相应提供支持的组织维持体系并不尽如人意。组织中有些方面文化氛围浓厚，有些方面薄弱。领导层并非总是一如既往地做到最好，这些都是容易看出来的。

根据模型的各个方面，对组织中各个级别进行量化。这对设计一个有效的干预计划而言至关重要。否则，“一刀切”的办法可能会导致资源浪费，无法实现最佳效果。

文中介绍的工具可以用于评估领导力、文化以及模型各个方面的有效性。领导力有效性评估可以使用领导力诊断工具（参见第三章）以及大五类人格特征剖析方法（参见第二章）。文化评估应用组织文化诊断工具（参见第四章），而工作界面评估可以应用员工驱动理论来识别危险暴露（参见第九章），如表10-1。

表 10-1 评估工具

评估工具		
领导力有效性	文化	工作界面
领导力诊断工具	组织文化诊断工具	员工驱动理论
大五类人格特征剖析方法		

安全启动体系可以通过系统调查进行评估，组织维持体系可以通过员工访谈和调查以及检查进行评估。领导者可以借此审视安全启动体系、组织维持体系、文化和领导力如何对界面产生影响。

采用多种评估工具十分可取，因为可以对结果进行多重验证。如果员工访谈和调查诊断得出了同样的结论，那么对评估准确性的信心就会提高。

取得模型中各个方面的精准数据，战略团队可以明确差距并着手制订计划。在制订计划时，应考虑以下五点：

一是影响力。一些潜在目标相对其他目标而言影响更大。比如，形成强大的安全文化具有深远影响，强化安全领导力可能最具潜能。但领导力、文化、体系以及工作界面彼此之间相互影响，构成一个体系，只关注其中一个方面，而其他几个方面存在重大差距，无异于自取灭亡。

二是幅度。干预应该有多广泛？应该只关注于影响安全的文化内容吗，还是更广泛的组织文化内容？应该旨在普遍提升领导力还是具体定位在安全领导力方面？可以更进一步细化到特定的启动或维持体系吗？

三是组织范围。整个组织都需要参与其中，还是只是其中一部分？组织中哪个层级最需要关注？比如，现场，部门或是全体？有需要关注的具体现场或是部门吗？

四是紧急性与时间要求。需要多快取得成绩？想要实现的改变需要长期的努力还是短期的努力？如果时间紧，想要实现的改变有难度或是牵涉广泛，可以考虑分别制订短期和长期计划。

五是措施。如何设置底线？如何追踪进展？很重要的一点是，既要考虑成果又要考虑上游过程措施，也应该追踪新方案的成本和收益。

干预计划

考虑到评估揭示的现状与想要实现的未来状态之间的差距，我们现在可以制订干预计划。不同的组织各有各的办法。有的利用内部资源，有的寻求外部资源或者二者结合。我们认为最有效的工具分为四种。每一种都适用于全体、部门或是现场层级。

组织范围内的战略改革新方案：该方案自上而下驱动，需要组织最高级别领导者的支持和参与，具有广泛的战略性，可以将安全改进目标与组织其他目标联系起来。我们将在本章以及第十一章中举几个相关示例，也将利用第十二章的整个篇幅介绍针对美国国家航空航天局的案例进行的研究。

领导层团队新方案：首先以最高级别领导层团队为代表开始，其次根据需要，在组织内自上而下推进。这些方案一般包括召开研讨会，时间一天到三天不等，针对每一位参与者的个人领导力反馈评估或一对一指导。

以员工为驱动针对工作界面改进的安全计划。这些过程可以在现场层级执行也可以以部门或全体为基础执行。实现这些新方案的机制在于提高员工参与度以及领导层的支持。如何执行存在的广泛差异，这取决于在现状与想要实现状态差距评估中了解到的整体情况。

监管发展新方案：很多组织在评估过程中发现，需要改进的核心方面在于低级别监管人员的领导能力。这些方案一般包括对个体领导力水平的评估，并提供以团体或一对一指导为基础的技能培训、指导以及反馈。

针对某个组织特定的干预计划不应照搬模板或是定式，而是应该基于评估过程中的调查结果、目标以及可利用资源进行拟定。

平衡目标和资源

在所有明确目标和制订干预计划的活动中都需要找到目标与资源之间的平衡点。我们必须考虑的问题是："我们是否规划了充分的资源来实现既定目标?"

在改进方案中，最常见的失败原因可能就是资源匮乏。比如，为期一天的领导者培训研讨会，无论会议多成功都不会改变组织的文化，但是可以为改变文化奠定基础，在领导者群体中营造共同的愿景并开启成功之路。为期两天的基层监管人员培训课程不会对工作界面产生永久性的影响，但却能够让监管人员掌握改进工作界面的方式方法，进一步提升积极性。

关键成功因素

了解了自己组织的优势与不足、改革历程以及业务需求后，为成功实现既定的干预计划，我们必须做到哪些方面呢？领导层应明确这些关键的成功因素，就其重要性需要实现统一。

我们将在下文给出具体示例，但总体思路是要先考虑如何执行新方案，并且反思容易忽略、遗漏或是做得不够以致无法实现目标的方面。

安全改进战略性计划的示例

我们将在这一节中介绍几个利用书中介绍的工具制订安全改进战略性计划的组织示例。

示例一：在军事分支机构开展的组织范围内安全文化改革

该军事机构的非执勤机动车辆管理方面发生死亡事故的数量比较多，最高领导层为此感到担忧。高层领导者决定采取相应措施，这主要是基于内在价值做出的道德决策：他们十分担忧年轻士兵的福利状况。

一是目标与愿景宣言。组织上的指示是要在两年的时间里降低50%的非执勤时间死亡事故率。他们了解到要实现这一目标就必须改变组织文化与安全氛围，但在这一过程中，不可以削弱昂扬的军心士气，也不应过度增加组织的战时负担。目标旨在营造一种组织中各级别人员都能将安全驾驶视为核心价值观的文化。选取的措施包括运用组织文化诊断工具以及关注意外死亡率。

二是评估当前状态并明确差距。当前状态评估包括遍及指挥结构各层级的一对一访谈，遍及组织各个层级的分组座谈，启动辅助体系的检查以及运用组织文化诊断工具对组织文化的评估。

访谈与分组座谈表明领导层效力整体较强，但安全领导力需要特别改进，尤其是在组织最底层，访谈中提到的愿意沟通安全顾虑为改进提供了机遇，有助于加强安全氛围。

对体系的审查体现出在启动安全体系和维持体系方面都存在薄弱环节，从而得出组织不重视安全的认知。这也使得组织难以高效落实安全举措，最终影响了领导层摸清组织现状、事故发生率以及进行评估的能力。比如，“一级”事故涉及人员死亡或是损失将近百万美元，这是评估安全绩效的主要指标。这项数据具有精确性，虽然有时由于测量方法导致误差。

三是运用组织文化诊断工具。访谈以及分组座谈得出的结论有所帮助，但无法对组织文化的具体方面进行量化。这一点的重要意义包括以下几个方面：交叉验证、操作单位内具体评估以及成果评量。

在组织中，1268 位来自不同部门的成员参与了组织文化诊断工具评估。调查结果十分有趣并且有助于我们了解组织的优势，以及在试图改革过程中将要面临的情况。

在研究运用组织文化诊断工具统计的数据时，要记住是在以几百个组织为数据库的基础上得出的相对百分数。得分 90 意味着该组织的评估得分高于数据库中 90%的组织。

在第四章中，我们详细介绍了组织文化诊断工具，所以此处我们仅做概述。图 10–2 最左侧的四项内容代表了组织维度的四个量度。组织维度包括程序公平、领导者—成员交流、管理可信性以及感知组织的支持。这些量度构建了组织文化的四个基柱。直接反映了组织中员工对领导层的认知。另外两项体现了组织在团队协作和工作组关系方面的水平。最后三项有关组织安全在以下三个方面的表现：安全氛围、上行沟通以及接触他人。

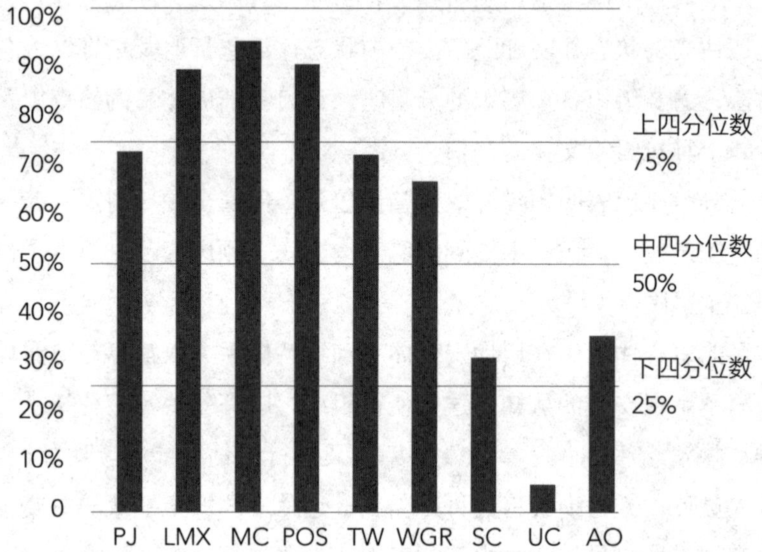

组织维度	团队维度	安全相关维度
PJ：程序公平 LMX：领导者—成员交流 MC：管理可信性 POS：感知组织的支持	TW：团队协作 WGR：工作组关系	SC：安全氛围 UC：上行沟通 AO：接触他人

图 10–2 运用组织文化诊断工具为某军事分支机构中所有现役人员打分，分数参照于其他组织的规范数据库

根据这份有趣的组织文化诊断工具的研究，该组织整体上具有较强的领导力水平（尽管程序公平量度相对该维度里的其他三个量度得分略低），而且团队量度显著高于平均水平。可是，安全维度得分普遍较低，其中上行沟通方面

尤其低。

这个评估结果引人关注的原因有以下几个：组织维度往往驱动安全相关维度，但在这个案例中却不尽然。这说明在该组织文化中，领导力本身十分强健，团队协作程度高，但没有强调安全意识。

对于一个重视高效作战、聚焦核心目标，但无法兼顾安全需要的军事组织来说，这个结果并不奇怪。鉴于这个显而易见的冲突，不难理解年轻的士兵尽管骁勇善战，却可能在非执勤时间段驾驶私人机动车时欠缺安全考虑。

但该组织领导者不希望看到自己的年轻成员命丧于此。因此他们面临着一个严肃的问题：如何在维护战斗文化能效的同时，不以牺牲掉个人生命为代价。尽管我们的目标在于事故预防，该组织也发现团队协作方面的得分低于预期。团队协作对于战斗力而言具有重要意义，也是战斗精神的关键部分。

四是干预计划。组织领导层接受了这些发现的结果，并积极着手制订干预计划以解决这些问题。他们推断组织文化诊断工具研究以及访谈发现的问题具有普遍性，并要求制订针对整个组织文化与体系的干预计划，同时成立了三个团队：

- 安全文化与执行指导团队，负责定义理想的安全文化并监管整个项目。
- 安全体系设计与执行团队，负责挑选并组织攻击最有可能受到影响的体系问题。
- 行为安全设计与执行团队，负责制订适用于各个级别的行为改变计划。

这三个团队制订详细的干预计划，力求在各个方面都能显著提升。由于情况的复杂性，计划涉及多重时间线。因此，安全文化改进时间线就比改进维持体系要长一些。

在执行过程中，需要确保该军事机构对计划的掌控权，符合其文化与价值观。几个团队判断出利用领导层强大的影响力可以实现预期目标。

五是关键成功因素。以下三个因素对取得任务成功具有关键性意义：

- 有关组织高层轮岗周期的规定，从而确保长时间的一致性与支持。
- 在本身的领导过程中以及所有其他从招募开始的培训项目中，有效融入新的组织/文化指令。

- 及时执行有效的过程－成果评估，对进展与成就进行追踪。

示例二：为一家国际金属矿业公司制订全公司范围内的安全领导力发展计划

这家国际金属矿业公司在一项内部开展的全公司范围安全改进方案中，发现并没有践行领导力最佳实践，因此没有办法实现公司目标。该组织拥有约十万名员工，五个业务板块销售额达 250 亿美元。

该组织的安全绩效，尤其是死亡事故发生率令出身制造工业的新任首席执行官感到震惊，他将安全改进视作该公司的战略方向。他的动机在某种程度上是出于道德——他指出世界级安全绩效水平是公司运营的第一要义——但也有财务和战略方面的考虑。他认为安全问题是领导力发展的理想载体。

一是目标与愿景宣言。“打造支持零伤害文化所需的领导能力，并在这一过程中提升组织领导层后备力量，这需要发展各级别领导者的新动机和技能。”

二是评估当前状态并明确差距。生产经理级别以上的所有高级领导者都参与了运用领导力诊断工具的调查。我们运用该工具对每一位领导者的风格及其在安全领导力最佳实践方面的表现进行了 360 度的评估（参见第三章）。领导者们后续收到了一份报告，总结了他们个人的成果，并体现了他们相较于其他组织领导者的排名情况。这里我们将简要介绍总结报告。

图 10–3 体现了公司某个组织中领导群体的最佳实践结果。再次说明，这些量度是基于规范数据库的百分数。你可以看到，领导者整体上在践行问责制和可信性相关方面表现不错，但是他们在以沟通为基础的实践方面包括认可与反馈、沟通、协作以及愿景，相对薄弱，均低于 50%。

这些数据体现了该组织的典型特征，精准判断了当前状态与想要实现的未来状态之间的差距，而且体现出干预计划应关注于围绕安全需求激励领导者，指引其在安全改进方面做出努力，帮助他们培养关键性“软技巧”——沟通实

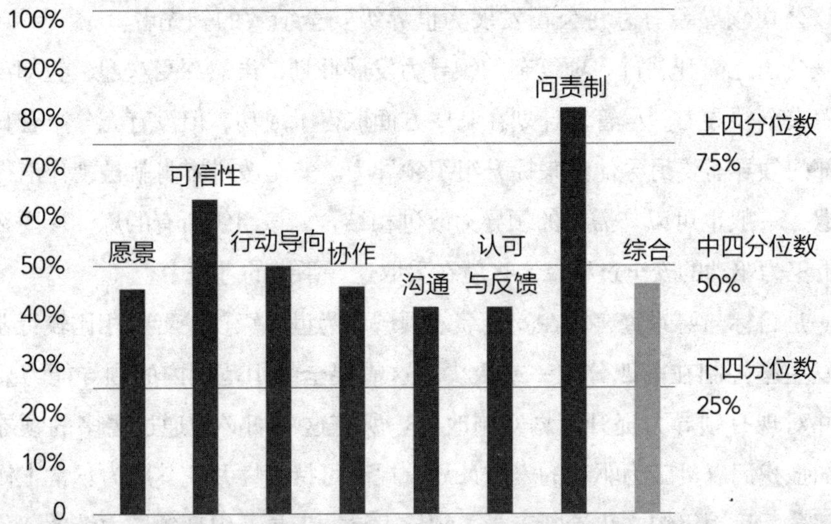

图 10-3 金属矿业公司组合领导力最佳实践得分，分数参照于其他组织，并以百分数形式表现

践——从而实现计划。

三是干预计划。我们举办了面向生产经理级别以上所有公司领导者的领导力培训研讨会。研讨会既探讨了安全动机方面的问题，又包括更切实的身边的问题。每一位领导者都参加了上文提到的领导力诊断工具调查。也得到了两个小时有关制订安全改进计划的领导力指导。根据需要，也提供了额外的指导。另外，每一位领导者都可以选择在组织中普及这个过程。

四是关键成功因素。以下因素对成功完成计划具有关键性意义：

- 最高领导层长此以往的重视、支持以及积极参与。
- 监控并巩固发展行动计划取得成果的机制。
- 监控各项计划对领导者组织产生影响的机制。

示例三：为一家国际能源与公用事业公司制订的综合安全领导力发展计划

该组织是一家拥有五个主要业务板块的十亿美元级国际能源与公用事业公

司。该公司领导者有志将公司发展为世界级安全绩效的领先者。

该公司之前开展过一项复杂的领导力发展计划，虽然深受欢迎，但却没能充分发挥安全领导力。尽管该计划在某些方面取得了成功，但没有充分结合日常工作，部门领导需要另寻他法来提升组织领导力。安全改进本身就被视作值得把握的机遇，一般也可以与需要的领导力改进相结合。该组织所有的炼油厂要么实施了以员工为驱动的安全过程，要么就在采取这一举措的过程中。

一是目标与愿景宣言。在安全绩效领域成为世界级佼佼者。相比较行业内，事故发生率控制在前四分之一或更少。这需要全组织范围内的领导能力显著提升，并对现有领导力提升计划实施改进。所有这一切必须通过更多的领导层参与，加强我们以员工为驱动的安全计划，提高可持续性并使其成为日常工作文化的一部分。运用组织文化诊断工具、领导力诊断工具、内部领导力绩效评价进展以及事故率情况等方式，对结果进行反复评估。

二是评估当前状态并明确差距。面向所有领导者，包括炼油厂领导团队以及最高层领导团队，我们采用了领导力诊断工具。在所有厂区范围内采用了组织文化诊断工具。图 10–4 体现了一家炼油厂组织文化诊断工具得分，图 10–5 显示的是领导力诊断工具分数。

分数显示团队的运作以及上行沟通相对较强（在本案例中），但其他量度较弱。员工认为领导层冷漠，有距离感，组织内的安全氛围不佳。这表明领导层和监管层都应该更多地参与到安全工作中来。

组合领导力最佳实践得分与这一解读具有一致性：尽管有些个体是卓越的领导者，但组合分数表明在关键安全领导力最佳实践的各个方面，领导力总的来说相对一般。

咨询顾问与领导团队一起吸取了以往计划执行过程中的经验教训，另外通过访谈，进一步充实了有关现状的所需信息。

三是执行计划。领导力方面的差距很明显，干预计划采用了多重策略，聚焦于愿景方面以及日常工作层面上的领导力发展。干预内容包括：

- 紧密关联层级分明的领导力提升研讨会。

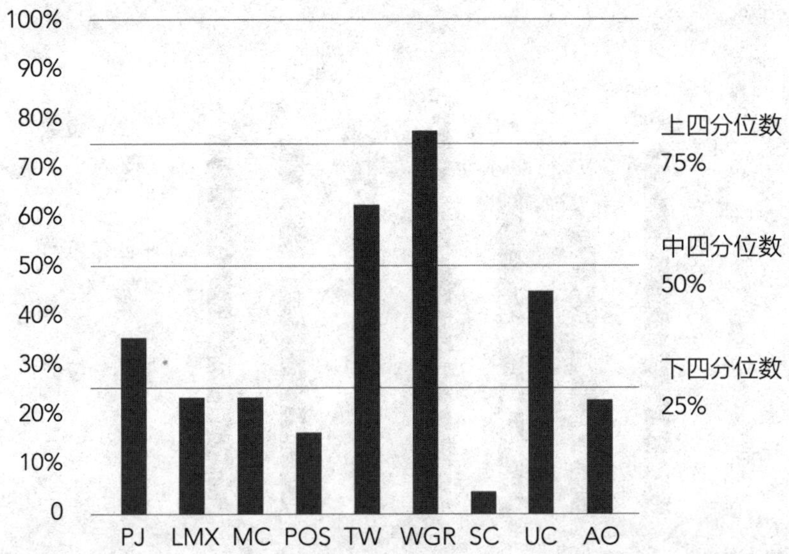

组织维度	团队维度	安全相关维度
PJ：程序公平 LMX：领导者–成员交流 MC：管理可信性 POS：感知组织的支持	TW：团队协作 WGR：工作组关系	SC：安全氛围 UC：上行沟通 AO：接触他人

图 10–4 运用组织文化诊断工具为国际能源与公用事业公司一家下属炼油厂打分，分数参照于其他组织，并以百分数形式表现

- 监管能力发展探讨会与行动规划。
- 一对一领导力指导。
- 领导力发展观察与反馈过程。
- 将领导力行为融入劳动合同。

四是领导力提升研讨会。我们开发了一系列环环相扣的领导力提升研讨会，并自上而下开展。研讨会参与者根据自己的调查结果制订了个人发展计划，并接受一对一指导，从而帮助他们根据调查结果，最有效地实现所需要的改变。

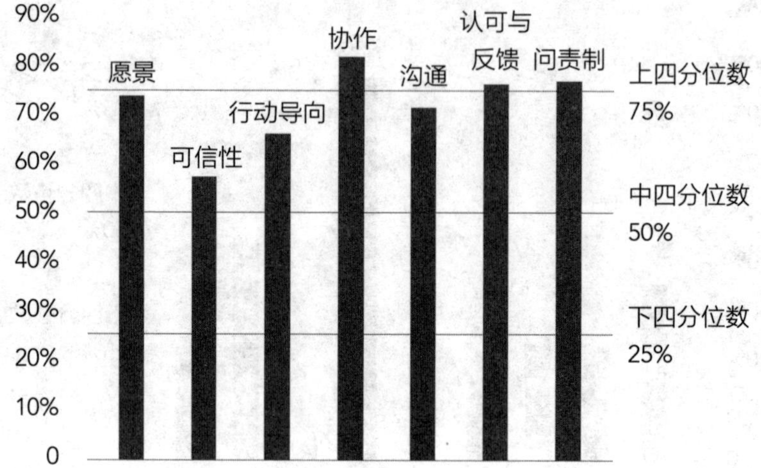

图 10-5 国际能源与公用事业公司组合领导力最佳实践得分，分数参照于其他组织，并以百分数形式表现

五是领导力行为观察与反馈。快速晋升的年轻领导者应邀与高级领导者共同探讨在公司中哪些行为对实现领导力成功具有关键意义。高级领导者接受培训和指导，从而在这些行为方面起模范作用。年轻领导者通过培训来观察这些行为，并向更高级领导者反馈。通过这种方式引导年轻领导者关注关键领导力行为，从而真正了解领导力。高级领导者发挥领导力模范作用，因此会得到积极反馈。所有领导者的绩效目标与领导力观察都融入了关键领导力行为等相关内容。

六是监管发展方法论。在监管人员级别方面，研讨会更多关注培养监管技巧，而且监管人员的行动计划侧重于在日常工作中应用新技巧。他们的行动计划成为劳动合同的一部分，管理者会就其表现进行跟踪。

七是关键成功因素。该项目的成功因素包括以下几点：

- 保持聚焦。这点尤其重要，因为任务宏大且具有多样性。
- 与已有领导力发展过程的成功因素结合。

- 高层领导者持之以恒的恪守以及积极参与。
- 高层领导者愿意积极了解基层所承担的压力，并保持灵活性，同时，不以牺牲领导力发展的核心要义为代价。

这些新计划的结果将在第十一章中进行探讨。

示例四：一家海湾地区化工生产商的基层文化变革与安全领导力发展

这家位于海湾地区的国际大型化工生产商拥有500名员工，20世纪80年代末实施过一项以员工为驱动力的安全过程方案，事故率呈现下降趋势，可记录水平依旧略高。15年后，该安全过程实施停滞不前，而该公司制定了新目标，要求所有工厂将可记录事故率控制在0.5%以下。

一是目标与愿景宣言。“将可记录事故率降低到0.5%以下，以驱动安全文化变革与可持续改变的方式，动员各级领导力参与改进过程。”运用组织文化诊断工具、员工驱动程序中的领先指标数据以及事故发生率等方式对成功结果进行反复评估。

二是评估当前状态并明确差距。图10–6显示了组织文化诊断工具的数据，体现出高水平的一致性。有趣的是，组织维度方面的所有量度都低于其他量度，并都低于75%。这表明领导力水平确实有可提高空间，而且改进之后，其他量度也会提高。这份成绩表现不俗，但也不是世界一流组织应有的水平，离预期目标还有距离。

三是干预计划。领导力工具以组织维度的四个量度为目标。这也将为以员工为驱动力的安全过程带来活力。运用领导力诊断工具对领导力水平的具体方面进行评估，并根据个体需求因人制宜地提供培训和指导。与此同时，监管人员和基层员工也参与了培训，探究有效方法，恢复以员工为驱动安全过程的活力。

该组织想要确保领导力诊断工具评估的领导力实践，可以直接与组织文化诊断工具的量度相关联。我们认为在本案例中这个要求是合理的，所以我们展开了研究。结果请参见图10–7。不出所料，领导力诊断工具评估出的领导力

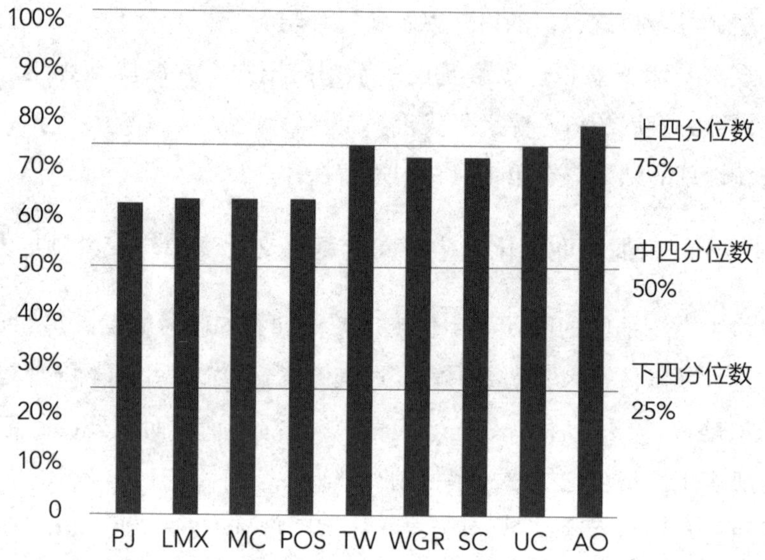

组织维度	团队维度	安全相关维度
PJ：程序公平 LMX：领导者—成员交流 MC：管理可信性 POS：感知组织的支持	TW：团队协作 WGR：工作组关系	SC：安全氛围 UC：上行沟通 AO：接触他人

图 10-6 运用组织文化诊断工具为海湾地区化工生产商打分，分数参照于其他组织，并以百分数形式表现

最佳实践整体得分与组织文化诊断工具整体得分评估的量度紧密关联。

四是关键成功因素。该计划成功的关键因素包括以下几点：

- 选拔合适的人员引领任务，特别是要有合适的人选推进过程。
- 工厂管理者、安全管理者以及领导团队提供持之以恒的领导方向以及支持；管理团队愿意致力于采取必要行动从而取得成功。
- 总公司层面的支持。

这些新计划的结果将在第十一章中进行探讨。

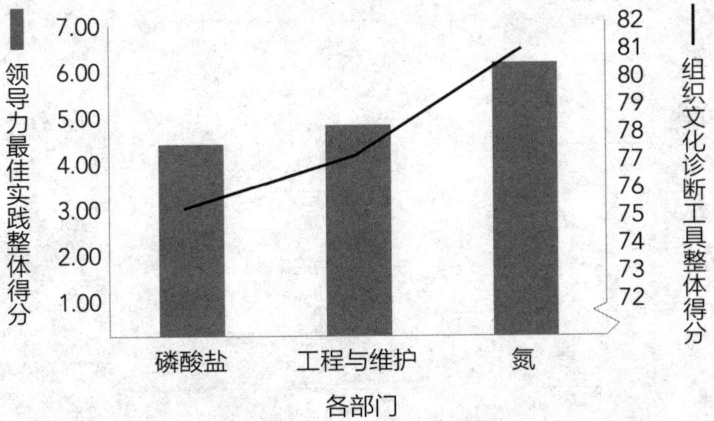

图 10-7 海湾地区化工生产商的领导者部门在领导力最佳实践以及组织文化诊断工具方面的原始分数套图。结果体现出最佳实践、文化和氛围之间的关联性

示例五：拉丁文化背景下的安全文化变革——波多黎各消费品公司

波多黎各消费品公司拥有 750 名员工，在部门安全绩效方面下滑到最后一名并且受到质量问题的困扰。新任工厂管理者意识到整个组织内都存在着重大的文化和领导力问题。

一是目标与愿景宣言。诊断并解决影响安全和质量的文化缺陷。打破文化壁垒，包括组织层级之间的传统文化分歧。将所有员工都关联起来，并以这种新方式动员所有力量。

二是评估当前状态并明确差距。组织文化诊断工具参见图 10–8，量表得分体现出组织功能失调，存在严重的文化问题。

三是干预计划。高级领导者参加了一个集中研讨会，深入探讨了组织文化诊断工具得分及其背后的原因，实施了领导力发展过程。采用以员工为驱动力的安全过程，从而让员工参与其中。

这些新计划的结果将在第十一章中进行详细探讨。

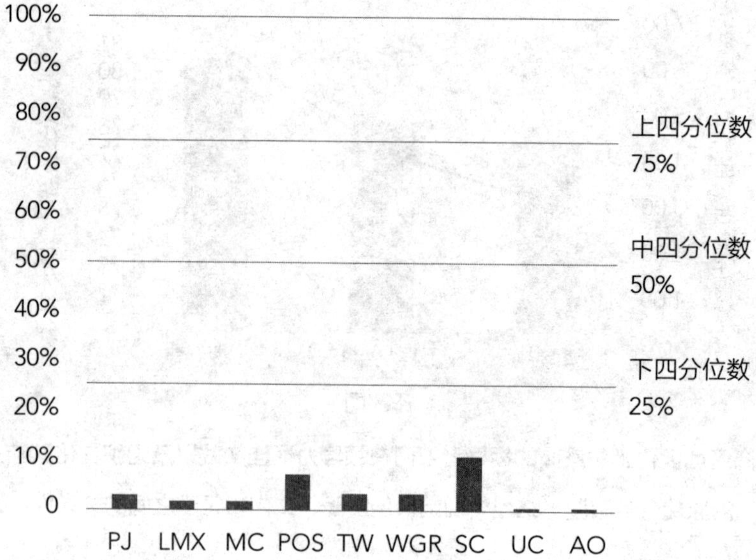

组织维度	团队维度	安全相关维度
PJ：程序公平 LMX：领导者—成员交流 MC：管理可信性 POS：感知组织的支持	TW：团队协作 WGR：工作组关系	SC：安全氛围 UC：上行沟通 AO：接触他人

图 10-8 运用组织文化诊断工具为波多黎各消费品公司打分，分数参照于其他组织，并以百分数形式表现

总结

本章聚焦于利用诊断工具了解组织文化与安全氛围，从而制订适宜的干预计划，并列举了几个示例。下一章节中，我们将着眼于如何实施干预计划的示例及其相应结果。

第十一章　引领安全的案例分析

- 引言
- 案例分析：壳牌化工
- 案例分析：加拿大石油润滑剂公司
- 案例分析：加拿大钾肥公司
- 案例分析：波多黎各消费品公司

引言

本书前言中我们提到了一项 1999 年发布的成果研究，对 73 个个体安全改进项目的结果进行了追踪，研究数据参见图 11–1。

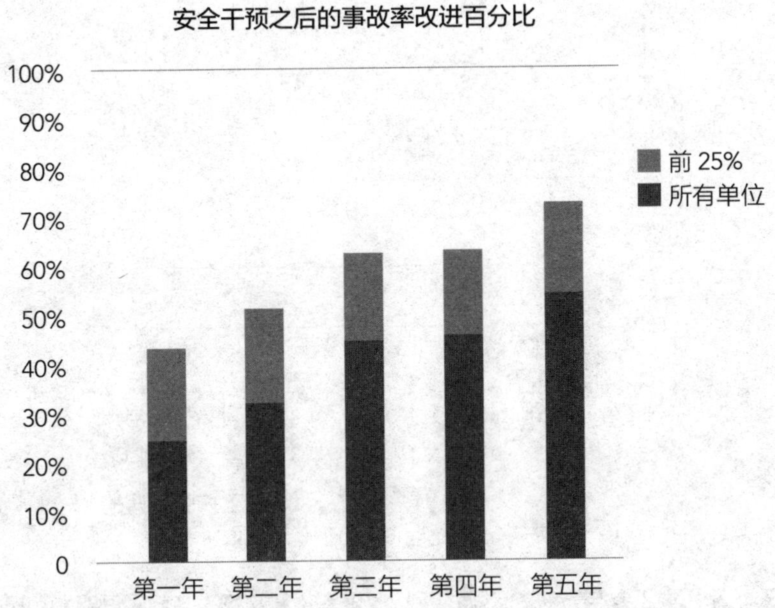

图 11–1 第五版成果研究体现了美国行为科学技术公司方法论改进安全绩效的有效性。早期研究经独立专家评审，发布在同行评审的期刊上（Krause，T.R.，K. L. Seymour和K.C.M. Sloat. 1999.“对基于行为改进安全绩效方法的长期评估，对 73 个非连续时间序列副本的汇总分析”《安全科学》. 1–18.）

我们提到过，正是这个研究引起了我们对安全领导力的兴趣。我们发现各个项目成果呈现惊人的多变性，因此我们展开了另一项研究，探究是哪些因素使得某些项目取得卓越性，而其他项目则表现一般。这项研究直接引起了我们对领导力和文化的关注，也因此开始了本书所介绍的这项工作。

本章中，我们将运用本书提到的工具评估四家公司在加强安全领导力发展方面做出的努力。这些公司取得的早期成果令人欢欣鼓舞。对比图 11–1，图 11–2 表现了五年的平均研究结果，我们掌握了其中三个项目足够的数据，为得出有效结论奠定了基础。

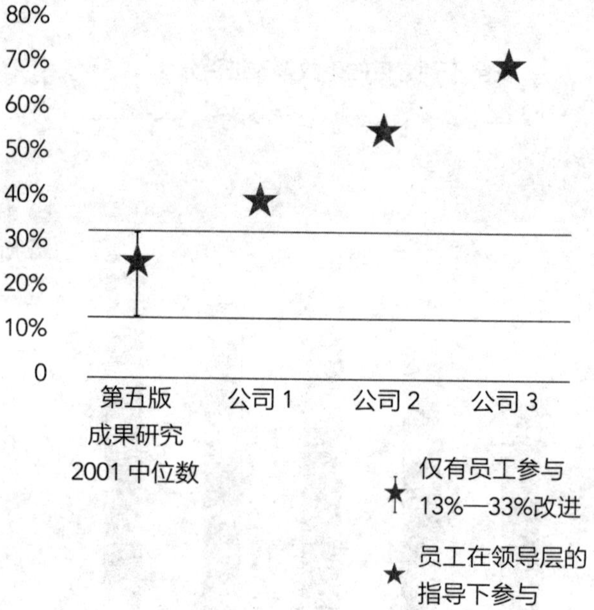

图 11–2 仅采用员工参与方法的公司的平均改进率（最左侧）与将领导能力和员工参与相结合的公司的改进率进行比较

这些研究结论表明，安全领导力的发展方法结合以员工为驱动力的方法，就会成为卓有成效的安全改进方法论。

案例分析：壳牌化工

本节内容由吉姆·斯皮杰纳（Jim Spigener）撰写

壳牌化工工厂坐落于路易斯安那州盖斯马尔（Geismar）密西西比河畔，

占地 800 英亩，自 1968 年开始运营。这家工厂是世界上最大的表面活性剂生产商之一，也生产用于防冻剂的乙二醇。工厂拥有 530 名员工，是业界内安全绩效的表率。这在一定程度上归功于 1985 年左右就开始实施的以行为为基础的安全工作。当时，以员工为驱动力的安全计划并不常见。该工厂可记录的事故率曾高达 6.26%，因此该工厂树立目标，力求降低事故率的同时制定经得起岁月考验的改进过程计划。目前两个目标都实现了，事故率逐年下降，生产过程在十多年间较为顺利，可记录的事故率降低仅略高于 1.0。

2000 年，事故率开始上升，但没有实质证据证明这会直接导致不良后果。新上任的工厂管理者认为，以行为为基础的安全工作尽管有效，但需要重新审查。正是出于这点考虑以及分管领导提出在 2004 年前将可记录的事故率降低到 0.5 的新要求，管理团队着手探究如何重新振兴安全工作，并着重于将安全与其他关键业务指标相结合。

工厂管理团队得出结论：安全文化需要重申对风险识别和消除能力的重视。而且，壳牌化工工厂的领导层意识到需要在全体范围内将组织文化提升到一个新的水平，并在这一过程中发挥带头作用。位于路易斯安那州盖斯马尔的工厂作为组织中第一个实施该计划的单位，是本案例分析的主要对象。

聚焦文化

盖斯马尔工厂的管理团队希望可以形成世界一流水准的健康、安全和环境体系，从而惠及各个绩效领域。他们意识到这一目标的实现需要采取广泛并且深刻的干预措施，实现预期的运营水平就意味着要改变整个工厂的文化。领导者需要有对文化产生影响的能力，使其成为日常工作中不可或缺的一部分。技术人员需要能够将安全视为组织价值，规划并实施支持新文化的工作实践，从而促使并推动他们对暴露进行识别与响应。监管人员和中层管理者需要掌握相应的知识与工具，使其能够培养暴露识别和响应的价值观，从而强化工厂价值以及组织对安全的重视。

怀着这样的新愿景，工厂领导层按照组织文化诊断工具涵盖的九个可以预测安全成果的组织运作维度（参见第四章），综合评估了自身组织文化。评估结果的意义有两个方面：一是有助于工厂更好地了解应该在哪些方面加强重视；二是有助于领导者明确应该采取哪些措施从而推动组织文化，实现更高绩效。这样的评估还有另外一个好处：得分是以其他公司的标准数据库为参照，有助于了解相对其他组织，自身的排名情况。这样可以根据想要实现世界领先水平的目标，审视自身实际组织的运作情况。

图 11–3 中的组织文化诊断工具结果具有以下两方面启迪意义：一是结果

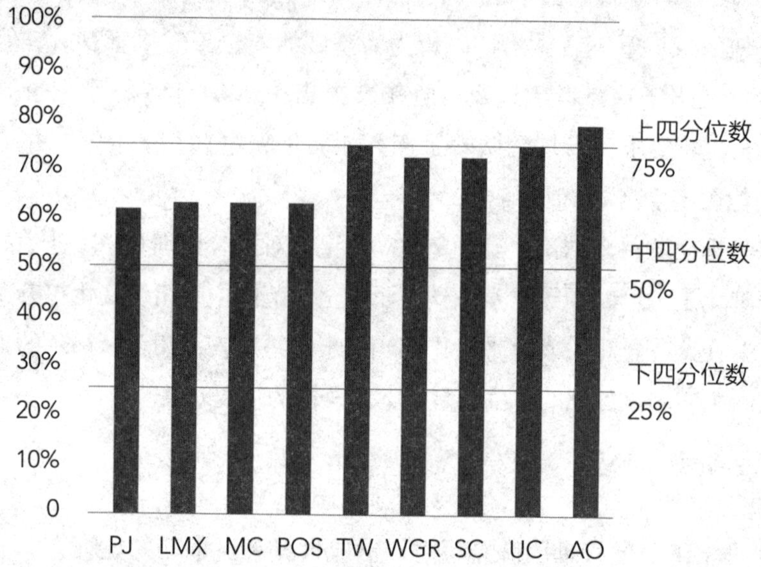

组织维度	团队维度	安全相关维度
PJ：程序公平 LMX：领导者—成员交流 MC：管理可信性 POS：感知组织的支持	TW：团队协作 WGR：工作组关系	SC：安全氛围 UC：上行沟通 AO：接触他人

图 11–3 2002 年，利用组织文化诊断工具对壳牌化工位于路易斯安那州盖斯马尔的工厂打分，分数参照于其他组织，并以百分数形式表现

显示各个量度之间具有显著的一致性，均高于60%。二是结果显示该工厂在团队维度和沟通方面表现不俗，说明技术人员具有良好工作关系，更有可能坦诚地沟通绩效问题。研究结果也体现出在每一个组织维度方面，都有显著的提升空间，而且如果公司能够在员工对管理层一致程度的认知（管理可信性）、员工相信组织对个体的支持（感知组织的支持）、技术人员和监管人员之间的信任水平（领导者—成员交流）以及技术人员对决策过程中公平性的感知（程序公平）等方面做出改进，将会有所收获。尽管该工厂在这些方面的得分相对高于其他组织，盖斯马尔工厂认为目前的得分水平不足以实现其在健康、安全和环境方面成为世界佼佼者的愿景。

由领导层驱动文化

文化诊断结果显示盖斯马尔工厂尚有提升空间，其14位领导一致认为需要统一步调，了解如何践行高绩效组织领导力的最佳实践。领导团队认为采用360度诊断对评估每一位领导者的个人特质将会有所帮助。领导者们“带着”综合得分以及各自得分参加了统一战线研讨会，旨在帮助他们了解各自在改进安全文化过程中发挥的作用，并明确团队绩效目标。这个团队主要侧重于如何提升安全相关的管理可信性、组织支持以及价值沟通，然后，每一位领导者都参加了严密的一对一系列指导课程。

作为个人发展的一部分内容，每一位领导者在协助下制订了个人行动计划，强化了有助于个人最大化提升的相关维度。所有的指导都基于日常工作（主持会议、与员工互动），并相应给出反馈。每一位领导者都得出了需要注意的一系列具体行为，并得到相关的定期指导。个体行为包括关系建立到开放沟通以及团体协作等。

监管者参与

干预计划的下一个阶段是着手工厂团队领导者的发展活动。他们在管理工厂技术人员日常工作方面发挥着关键作用，必须对员工上报的问题做出反应。

团队领导者接受了绩效管理技巧方面的培训，包括识别安全绩效障碍、了解可能导致危险工作的体系问题以及与下属的合作。除了这方面的内容，团队领导者培训也包括如何对注意到的暴露问题做出响应，如何转换他们给员工反馈以及认可的方式。在新的文化背景下，员工因识别暴露问题而得到认可，而不只是因为防止了一次伤害。

重振以员工为驱动力的安全文化

干预计划的最后一个阶段需要重振以员工为驱动力的安全文化。之前采用这一方法时颇有成效，然而，这一方法取得成功并实现较低事故率的同时脱离了其他生产活动，甚至是工厂管理本身。盖斯马尔工厂的领导者认识到该方法的核心——动员员工参与监测和获取风险数据——提供了有利于工厂坚实技术基础发展的利器，但是需要将侧重点从减少伤害转移到暴露问题识别与消除暴露问题上面来。减少伤害主要参照已经发生的事故，从而估量可能存在的暴露问题。过往经历证实没有发生过的事情并不意味着不会发生。

重振以员工为驱动的安全文化旨在拓宽范畴，纳入对所有暴露问题的关注。应征执行该过程的员工经过培训，需要识别所有工作情况中的暴露问题，哪怕从未发生过任何伤害事件。员工接受培训，学习如何“应对”不同情境。在工具箱会议以及小型工作组中，员工根据指定情形识别暴露问题，并提出减少或消除该暴露问题的解决方案。这些练习并不是为了教员工具体规则，而是为了熟悉风险识别和解决问题背后的原则。

成果

历经六个月的领导层发展计划以及重振以员工为驱动力的安全过程，员工能够获取关键信息。工厂管理层现在更好地掌握了相关数据，从而改进员工应用的体系和设备。除此之外，领导者已经采取了支持预想新文化的新行为，同时，事故率开始下降。不到一年，公司基准事故率降低到了 0.5%以下（图 11-4），优于集团要求的标准，也比预期提前一年实现。

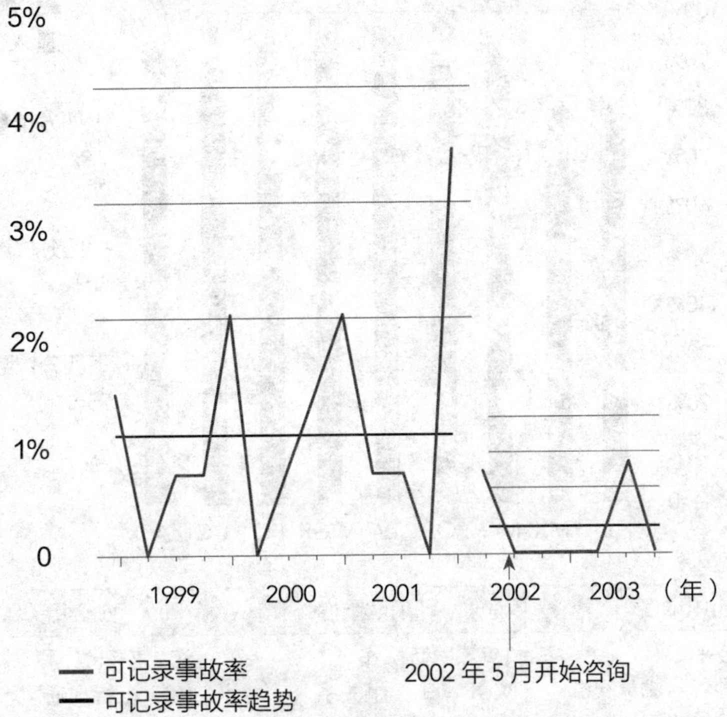

图 11-4 壳牌化工的可记录事故率控制图

2004 年，该工厂再次采用组织文化诊断工具（图 11-5）。九个量度都有所提升，其中八个量度得分超过 90%。盖斯马尔工厂在发展成为全球范围内健康、安全和环境领先者方面，取得了重大进展。

基于我们在盖斯马尔工厂的工作成果，其他分支也采取了同样的干预计划。针对领导层、监管人员以及基层员工不同层级各有侧重。每个分支领导者都采用了与盖斯马尔工厂相同的基本方法，根据各自独特的优势与不足、结构、文化以及工会隶属关系，作出了重大调整（表现了某些分支机构，并非全部）。尽管配置不同，分支领导者仍持乐观态度，认为在他们各自的工作情况和要求下，盖斯马尔工厂取得成功的干预策略也会取得相似成果。

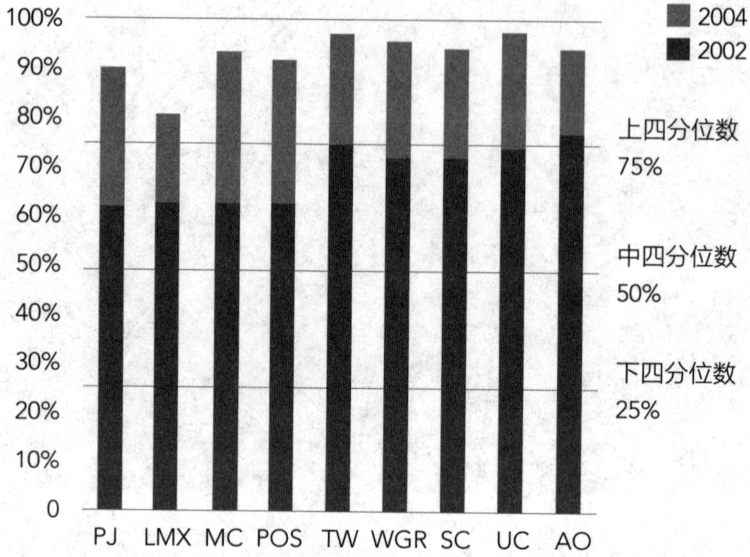

组织维度	团队维度	安全相关维度
PJ：程序公平 LMX：领导者—成员交流 MC：管理可信性 POS：感知组织的支持	TW：团队协作 WGR：工作组关系	SC：安全氛围 UC：上行沟通 AO：接触他人

图 11-5 壳牌化工位于路易斯安那州盖斯马尔的工厂在不同年份的组织文化诊断工具得分，分数参照于其他组织，并以百分数形式表现

案例分析：加拿大石油润滑剂公司

本节内容与瑞贝卡·提明斯（Rebecca Timmins）联合著作

加拿大石油润滑剂公司是加拿大最大的综合性燃油和燃气公司之一。公司五大核心业务包括北美天然气、东海岸石油、油砂、国际业务以及精炼和供应部门，旗下有 4600 名员工。精炼和供应部门主要生产精炼石油产品，包括汽

油、柴油、沥青，以及高端润滑油，同时也建立了零售和批发门店。该组织致力于改善和提高利润率，力求创造股东价值。加拿大石油润滑剂公司在道德规范、环境责任以及企业公民意识等方面享有盛誉。

本案例分析关注于加拿大石油润滑剂公司旗下的精炼和供应部门。精炼和供应部门下设三个炼油厂——埃德蒙顿炼油厂、奥克维尔炼油厂以及蒙特利尔炼油厂。

该组织认为成功经营取决于人的行为和决策，因此积极致力于在诚信、信任和公开的基础上建立并维护公司与员工之间的健康关系。加拿大石油润滑剂公司信奉的价值观包括注重结果、有决断力、值得信赖、专业以及有礼。

率先实施：埃德蒙顿炼油厂

该案例分析发生于1995年，埃德蒙顿炼油厂对实现和维持安全卓越所需要的工具存在顾虑。经过管理层和各级员工的多重讨论，埃德蒙顿炼油厂于1996年初开始实施改进过程。目标在于持续改进安全绩效，最重要的是开发相应工具，从而维持高水平绩效。实施过程既有成功又有挑战。事故率下降，工作界面得以改进。与此同时，最大的挑战之一是领导者们在“管理人员和监管人员在以员工为驱动的过程中，究竟应该发挥什么作用?”这一问题上存在分歧。

全公司范围展开

在这一时期，全公司掀起了范围内有关安全绩效的考量。埃德蒙顿炼油厂在安全方面的工作成果引起了广泛关注，特别是通过以员工为驱动力方法而取得的进展，即基于暴露的安全管理。

经过对几个潜在选项的深思熟虑，精炼和供应部门决定在其他炼油厂——奥克维尔炼油厂和蒙特利尔炼油厂实施安全管理方法。同时，精炼和供应部门在公司层面也展开了有关安全绩效和领导力对安全卓越产生影响的讨论。加拿大石油润滑剂公司在代理发展方面历史悠久，并取得了骄人成果。

虽然如此，领导层在战术方面——领导者的“所作所为”——还是不够明确，行为上不够具体，不足以支持领导者实现并维持安全领域的成功。大家一致认为安全领导力对于实现具有挑战性的安全目标以及清零可记录伤害至关重要。具体来说，精炼和供应部门需要制定适宜的方法，促使各层领导者能够有效地推动所在工作场所基于暴露的安全管理实施。

首先，运用组织文化诊断工具对当前组织文化进行评估，然后，协调精炼和供应部门的高级管理层，就如何最好地监督和推动安全与基于暴露的安全管理过程达成一致，其中包括在管理人员中取得共识，力求在实现团队目标所需要的关键领导力实践种类方面达成一致。

其次，各个领导层团队都制定了实现成功与发展的策略。大部分领导者擅长制定目标、策略和过程，关键在于推动组织切实执行相应的策略。领导者通过行为层面，制订针对全体管理人员和监管人员的具体行动计划来实现这一目的，为了确保成功执行这些计划，需要在正确的时机以正确的方式采取正确的行为。通过各个领导者一对一的指导，每个工作场所的侧重点在个体领导者层面得以进一步明确。指导领导者开拓前进道路，包括识别自然而然影响安全和基于暴露的安全管理过程的机遇。行动计划也会从行为层面上明确各个领导者需要采取的行动。通过“实时”观察和反馈，分享领导者“即时”行为，进一步强化了他们的工作成果。

最后，三个炼油厂制定并实施了领导力观察与反馈计划，为协调和强化所有组织计划中的领导力行为提供可持续机制。为了避免另立新计划，每个工作场所精心编制了各自的领导力行为名录，涵盖了已有的诸多领导力发展的工作成果，包括安全领导力方面。领导者学会识别和衡量这些关键行为并提供具有影响力的反馈，对自身以及他人都有所帮助。

奥克维尔炼油厂

干预计划伊始，奥克维尔炼油厂约有 350 名全职以及临时员工。运用组织文化诊断工具的初始研究结果（图 11–6）表明员工之间的关系具有优势，而且在接触他人和工作组关系方面取得了较高分数。研究结果体现出在感知组织的支持、管理可信性、领导者–成员交流以及程序公平方面尚有提升空间。安全氛围得分也相对较低，上行沟通得分也仅为 46%。

干预计划应注重员工的参与度，但最应该重视的是领导力发展，从监管人员层级一直上升到炼油厂管理者。最高级别的五位管理人员在接受领导力诊断工具评估后，接受了一对一指导、个体行动计划制订，以及领导者有关关键领导力行为的反馈。

在干预计划实施几个月后，该炼油厂面临着新的挑战。公司宣布将关闭小

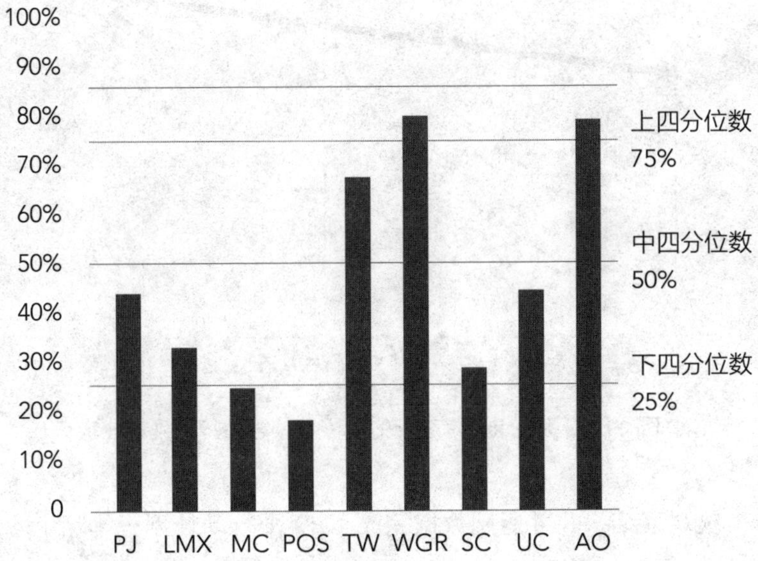

组织维度	团队维度	安全相关维度
PJ：程序公平 LMX：领导者—成员交流 MC：管理可信性 POS：感知组织的支持	TW：团队协作 WGR：工作组关系	SC：安全氛围 UC：上行沟通 AO：接触他人

图 11–6 奥克维尔炼油厂的组织文化诊断工具得分，分数参照于其他组织，并以百分数形式表现

型炼油厂，并转变为工作界面更小的终端。领导层团队决心继续执行相关过程安排，并认为从炼油厂到终端的转变过程中，成功地维持这些过程安排需要清晰表述具体的愿景并得到员工的支持（图 11–7）。当奥克维尔炼油厂领导者被问道，“我们将如何谱写奥克维尔下一阶段的历史篇章？”压倒性的答案是“为我们坚持安全、环保、可靠的工厂运营而骄傲，为我们坚持平等待人而骄傲，为我们个人贡献、成长和发展而骄傲”。

2003 年春天至 2004 年秋天，该工厂通过基于暴露的安全管理过程记录

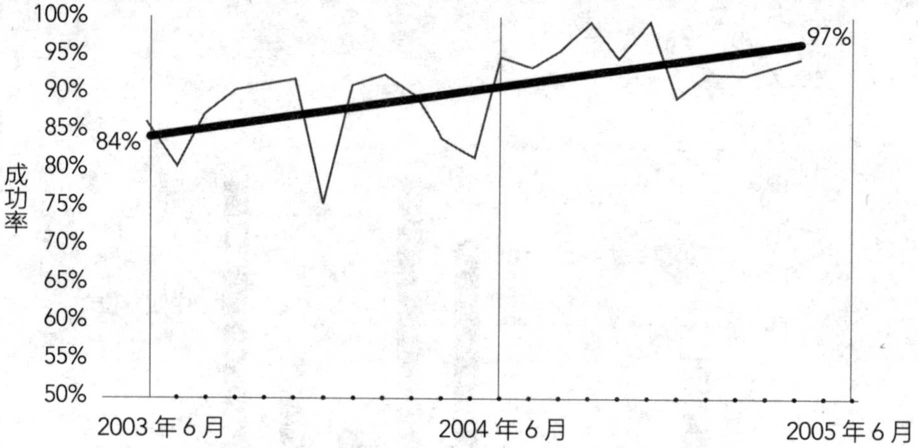

图 11–7 奥克维尔炼油厂的阶段性领导力行为样本成功率

了 6000 多次观察结果，并运用数据完成了 12 个行动计划，排除了安全工作障碍，涉及领域包括手套使用、跌落防护、蒸汽示踪剂烧伤、行走/工作表面、呼吸防护、工具与设备、听力防护以及照明等。新方案管理负责人认为这些计划证实了奥克维尔炼油厂的团队协作与足智多谋。

如图 11–8 所体现，奥克维尔炼油厂的伤害率下降了 54%。加拿大石油润滑剂公司的高级领导者对奥克维尔炼油厂取得的成果表示满意，并继续致力于保持良好势头。这正迎合了精炼和供应部门为实现零伤害营造坚实基础的愿景。2005 年春天，奥克维尔工厂将完成从炼油厂到终端设备的转变。奥克维

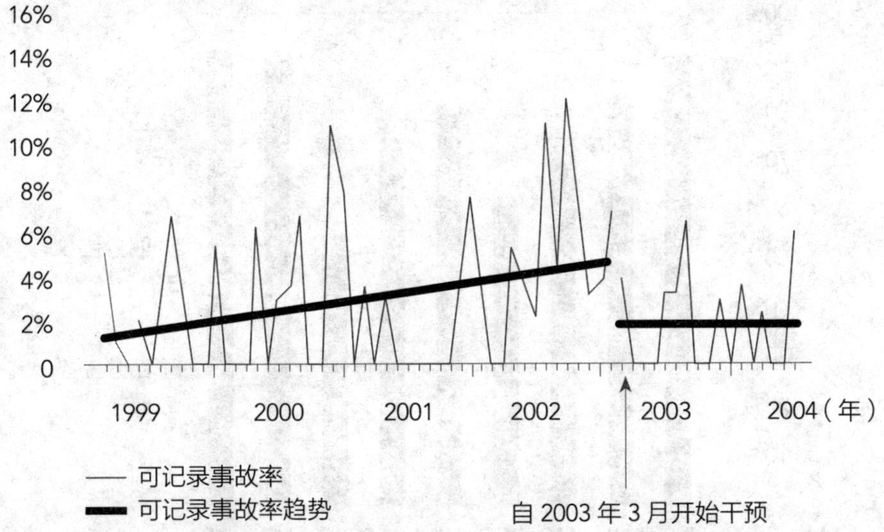

图 11-8 安大略省奥克维尔炼油厂可记录事故率及其趋势

尔炼油厂为其他组织提供了参照，并不受其所处环境限制，也阐明了有效领导力的作用及其对结果的影响——即使是面对极具挑战性的环境。

埃德蒙顿炼油厂

埃德蒙顿炼油厂每日产量约 13.5 万桶油。生产过程混合了国内原油，其拳头产品是汽油。三年前，一次停工致使基于暴露的安全管理工作数月停滞不前。自此，该炼油厂成功重新引进基于暴露的安全管理，工作成果不仅有助于提升安全工作绩效，也改善了组织各级别与利益相关者之间的关系，包括工会。该厂运用组织文化诊断工具得到的研究结果体现出很多优势（图 11–9）。团队协作与工作组关系以及上行沟通和接触他人得分较高。这说明该厂文化有利于安全沟通，也体现了对其领导者抱有信心的认知。与此同时，安全氛围以及感知组织的支持方面得分相对较低，说明该厂应该注意加强最前线工作人员的安全保障。

干预策略包括领导力指导，一个领导力观察与反馈的过程，监管人员技能

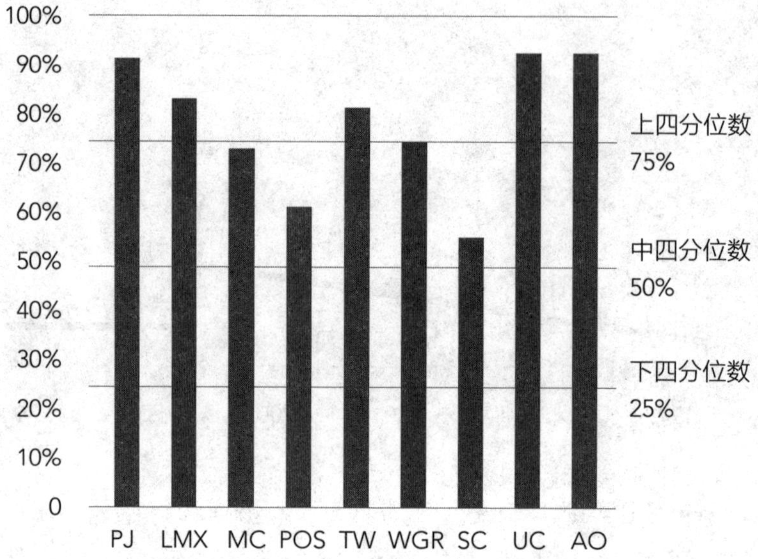

组织维度	团队维度	安全相关维度
PJ：程序公平 LMX：领导者—成员交流 MC：管理可信性 POS：感知组织的支持	TW：团队协作 WGR：工作组关系	SC：安全氛围 UC：上行沟通 AO：接触他人

图 11-9 埃德蒙顿炼油厂的组织文化诊断工具得分，分数参照于其他组织，并以百分数形式表现

培养，清除障碍团队处理影响安全工作的已识别障碍，并将安全计划融入已有的组织体系中。1996 年，埃德蒙顿炼油厂可记录伤害率为 2.5%，2000 年改进到 0.87%，如今达到了 0.55%。工厂可记录伤害率控制图表体现出自工厂干预计划开展以来，取得了显著可持续的绩效改进（图 11-10）。

埃德蒙顿炼油厂是组织致力于长期持续改进的杰出典范。该示例表明，领导层和员工共同参与有利于在组织发展变革的各个阶段推进安全改进。

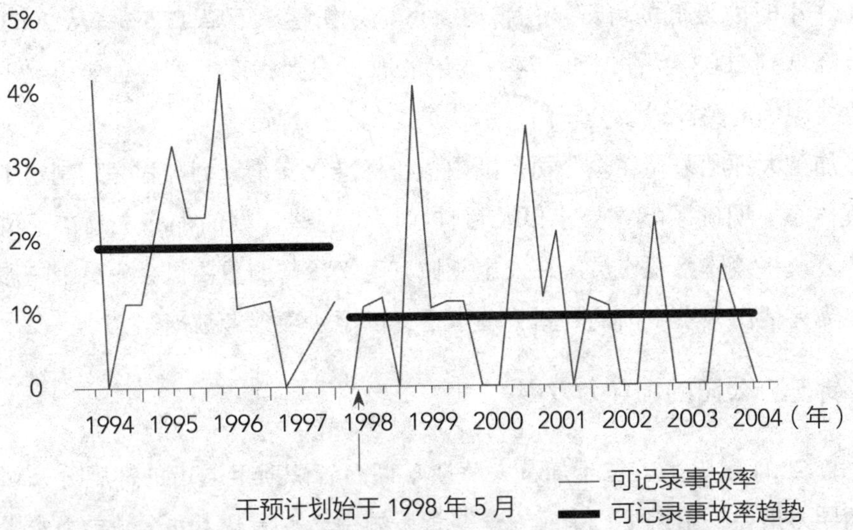

图 11-10 埃德蒙顿炼油厂可记录事故率及其趋势

案例分析：加拿大钾肥公司

本节内容与唐·格鲁弗（Don Groover）联合著作

加拿大钾肥公司是世界上产量最高的化肥生产商之一，也是最大的钾、磷酸盐以及氮集成生产商。总部位于加拿大萨斯喀彻温省萨斯卡通市，美国分公司位于美国伊利诺伊州诺斯布鲁克，约 5000 名员工。该组织划分为三个事业部，分别负责钾肥、磷酸盐以及氮的生产。公司产品产自加拿大境内的七家钾肥厂、六家位于美国以及一家位于巴西的磷酸盐厂、四家位于美国的氮肥厂以及一家位于特立尼达（Trinidad）的大型综合工厂。

加拿大钾肥公司愿意承担安全、健康和环境等方面的责任。每年都按计划完成或超越既定安全改进目标，在过去的十年里，稳步地降低了事故发生率。公司长期目标是对人没有伤害，对环境没有破坏。

2003 年，加拿大钾肥公司取得了有史以来最好的安全绩效，实现了每 20

万工作小时内最低的可记录伤害率。可记录伤害率下降 17.5%，从 2002 年的 2.68 降低到 2003 年的 2.21。这一成果的取得很大程度上来自全公司上下对事故主要原因的关注以及公司内每一位员工的全力以赴。

加拿大钾肥公司在全公司范围内执行标准化安全计划与程序，制定了安全管理体系，明确了基本要求以及最佳实践。这些计划的中心主题在于员工参与，公司将该体系视作员工在安全领域有意义参与的重要机会。员工—参与体系也为评估伤害发生前的暴露管理水平提供了一项参考数据。

钾肥分公司的领导力发展

自 2004 年以来，位于加拿大萨斯喀彻温省萨斯卡通市的钾肥分公司采用了领导力指导，引用了“引领安全”背后的理念，提升了安全领导力水平。同年，七家分厂中有三家举办了一系列的领导力研讨会，并安排领导团队成员参加一对一安全领导力培训。其他分厂于 2005 年进行推进。

三家分厂采取的措施包括应用组织文化诊断工具，了解组织文化与安全氛围。除此之外，领导层团队所有成员由其直接下属就其安全领导力实践水平进行评估。这些诊断工具为领导层团队提供了所需要的基本信息，从而判断最值得关注的有利机遇。

随着基线数据的收集，领导层团队参加了一系列的研讨会，聚焦于“引领安全”相关理念。每次研讨会之后，领导者都接受了一对一指导。第一个环节是回顾每位领导者的评估结果，并讨论组织文化数据。接下来领导者和教练共同制定一个领导力实践清单，从而帮助个人提升组织文化，改进直接下属对其作为安全领导者以及普遍意义领导者的既有印象。

钾肥分公司取得了不错的成绩。尽管过去的几年里，七家分厂中有六家成功地采用了员工—参与过程，2004 年，只有接受指导的三家分厂在事故率方面取得了显著改进——平均改进 40%。相对而言，同期没有接受指导的工厂没有表现出显著变化。

磷酸盐分公司的领导力发展

加拿大钾肥公司位于佛罗里达白泉（White Springs）的分厂——磷酸盐分公司在成为安全领导力提升先行者时，就已被授予2003年度农业商业大奖（2003 Agri-Business of the Year）。磷酸盐分公司有三个生产车间、900名员工，年产360万吨磷酸盐以及100万吨磷酸。保持这种生产水平并作为行业内低成本生产商，三个生产车间的各级领导者高效运转至关重要。

早在2003年，磷酸盐分公司在实施一项员工—驱动安全体系时，意识到获取风险暴露数据需要更好地协调不同的区域和岗位。每个位置都安排了随时监管生产过程的工作人员。在这样大型的生产场所，管理各项资源需要对公司想要实现的目标及其实现方式进行精准把握。

文化评估

该分厂运用组织文化诊断工具对其文化进行评估（图11-11）。该工具由分厂全体员工共同制定，调查结果显示整体得分集中在50%左右，其中在感知组织的支持和上行沟通方面具有更大的提升空间。

在初始评估的基础上，高级领导者运用领导力诊断工具评估各自在七个领导力最佳实践方面的表现。领导层团队在七个量度方面整体得分率非常高，不低于95%。虽然个人得分呈显著差异性，领导层团队在这七个量度方面得到了直接下属的积极反馈。

关键领导力实践

结合基线信息和在研讨会学习到的内容，领导者决定明确一系列的关键领导力实践，从容应对这些问题。这些实践将成为一系列沟通的焦点，目标是在组织较低的层级内达成统一并树立更加坚定不移的安全愿景。领导层团队明白必须全力支持刚刚起步的员工—参与计划。

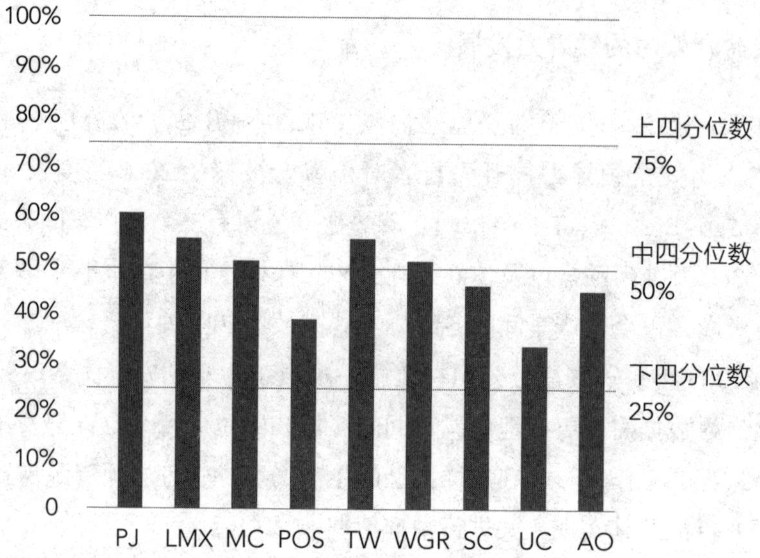

组织维度	团队维度	安全相关维度
PJ：程序公平 LMX：领导者—成员交流 MC：管理可信性 POS：感知组织的支持	TW：团队协作 WGR：工作组关系	SC：安全氛围 UC：上行沟通 AO：接触他人

图 11-11 磷酸盐分公司的组织文化诊断工具得分，分数参照于其他组织，并以百分数形式表现

领导层团队利用一天的时间共同探讨安全对组织内员工、领导者以及中层管理人员的重要性。他们了解到员工透过文化的视角看待一切，包括公司可能会或不会采取的行动以及每个个体的工作。如果员工对公司或其领导层团队持消极态度，领导者必须理解大家会透过一个“模糊的”透镜来看待他们所做的一切。因此，他们表达的信息要么没有得到传达，要么就可能是失去了本意。

基于这样的了解，领导者决定制定一份原则清单和一套规范行为。这些原则和规范行为将会适用于组织内所有领导者，并成为判断行为和决策的基准。

团队认真考虑了近 70 项原则，并挑选了其中的四个：

- 坚决维护安全守则，即使以成本或产能为代价
- 组织范围内上下层级之间保持经常有效的沟通
- 确保大家掌握所需要的信息、职权以及资源
- 尊重他人

清楚地了解了想要成为什么样的领导，各位领导者分别与导师制定了个人策略，从而改进与其下属之间的互动，更好地贯彻既定原则。

成果

在启动员工—参与计划以及提升安全领导力技巧与实践发展计划不到一年的时间里，该分厂职业安全与卫生条例事故率锐减了 50%，其中包括连续六个月没有发生可记录伤害。明确关键实践并启动个人行动计划后的寥寥数月里，大多数领导者能够记录与各部门关系的改变，这表明新的安全愿景发挥了作用。

2004 年初，三起严重伤害事件又对该分厂提出了新的挑战。该分厂迅速做出响应，组建了由分厂领导层、集团领导层以及外部资源构成的行动小组，调查导致事件发生的深层原因。该小组也重点研究了当前的安全管理体系，是否能够捕捉导致这些事件的“上游因子”，并评估了这些体系的稳健性。基于调查结果，该分厂针对需要改进的方面，立刻采取了长期的行动计划，事故率自此很快稳定下来。

总的来说，磷酸盐分公司在领导力计划启动之后，在可记录事故率方面取得了 43%的提升（图 11–12）。2005 年，该分厂计划在现有基础上再次采用组织文化诊断工具，在主管级别范围内增加领导力培训活动。

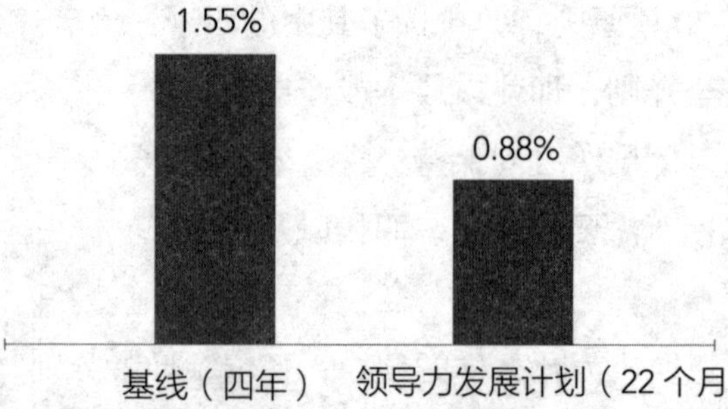

图 11-12 磷酸盐分公司干预计划前后的平均可记录事故率

案例分析：波多黎各消费品公司

本节内容与肯尼斯·琼斯（Kenneth Jones）博士联合著作

波多黎各消费品公司隶属于一家国际集团，是集团旗下个人护理领域的八家公司当中唯一一家位于美国本土境外的公司。该公司一直以来有两条生产线代理生产其他公司的香水以及棉签。2002 年底，转型专营棉签制造，当前约有 700 名员工。

公司在美国集团总部的支持下，直接负责本公司的环境、健康和安全。之前该职能由公司工程部承担，现在环境、健康和安全职能部门独立存在，管理人员直接向公司经理汇报。2002 年生产转型之后，伴随着裁员以及相应的排班变化，该公司的运营承担着巨大的压力。这也可能影响了事故率。在此之前，该公司在其分支范围内属于佼佼者，然而，2002 年，事故率翻了两番，从 0.25%上升到 1.03%。除此之外，质量问题开始困扰公司，而按照薪资标准严格划分的公司员工开始表现出对管理层的不信任。

历来改进计划

公司新任经理意识到下游的安全指标体现了更深层次的问题——管理层和

监管层领导力薄弱。尽管许多管理人员在其专业领域具有很高的水平，一线员工却由于担心不良影响而少报或瞒报事故和安全问题。经理了解到需要采取一种综合安全改进方案，深耕安全文化，促进其他领域的绩效提升。在启动当前计划之前，他寻求了外部机构的帮助，安排管理人员在周末一起度假。从而帮助领导者培养团队意识，为进一步的领导力发展奠定基础。

总部表示将全面支持公司提升安全绩效。总部没有制定具体的解决方案，而是期望公司经理及其团队可以制定符合该公司独特需求的战略性方案，相应地，总部会提供全力支持。

为了制订有效的安全干预计划，该公司运用了组织文化诊断工具，除了为其当前的文化和安全氛围制定基准，还明确了干预策略中需要重点支持的具体方面。

与此同时，在选定的高层领导者范围内采用了领导力诊断工具，了解对其领导力风格的认知。研究结果将会作为对各位领导者分别进行指导的出发点。

运用组织文化诊断工具所得到的调查结果显示，在大多数评估的变量中，该公司最需要改进的是运转效率低。基于这些发现，他们制定了一项全面的综合方法，从而解决领导层和监管人员的相关问题，并对工作界面进行评估和反馈（图 11–13）。

改进计划结构

干预计划的设计将所有元素——领导层、监管人员和员工结合起来，相互支持。因此，高级领导层团队的培训和针对员工的初级培训部分同时开展。这样就不会有人质疑计划的重要性——得到大家的支持，并清楚传递了高级领导层团队的态度。跨部门挑选了几名员工加入指导团队，负责完成数据收集和反馈环节。我们开始收集数据之前，会对监管人员进行培训，从而有助于他们更好地推进计划。

高级领导力研讨会之后紧接着就是一对一指导环节。指导过程中，参与其中的领导者明确了想要改进或有所改进的方面。咨询顾问的作用是帮助领导者

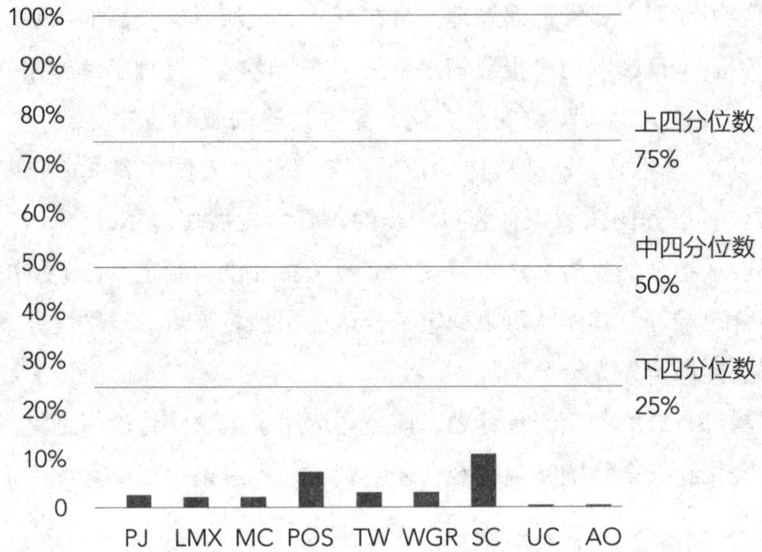

组织维度	团队维度	安全相关维度
PJ：程序公平 LMX：领导者—成员交流 MC：管理可信性 POS：感知组织的支持	TW：团队协作 WGR：工作组关系	SC：安全氛围 UC：上行沟通 AO：接触他人

图 11-13 波多黎各消费品公司的组织文化诊断工具得分，

分数参照于其他组织，并以百分数形式表现

明确实现目标所需要采取的具体行动。随后，领导者与咨询顾问偶尔联系，跟进计划项目。

公司所有监管人员参加了一个监管能效性方面的课程，高级领导层团队表达了对安全始终第一位的不懈追求，从而巩固强化课程内容。

动力与挑战

诊断工具研究结果显示不同级别的组织维度得分存在显著差异性，对改进计划提出了极大挑战。比如，管理人员自认为十分重视安全问题，基层工人却觉得他们把生产力看得更重要（感知组织的支持和安全氛围）。基层工人对管理层的不信任（管理可信性），而且工作人员指出由于担心受到惩罚，而不愿意在组织中向上汇报安全性问题（上行沟通）。基层工人也表示出于同样的原因，会尽可能避免上报工伤。某种程度上，这种畏惧事出有因：工作氛围具有惩罚性，受伤人员如果牵涉到事故可能会受到纪律处分。

公司管理人员意识到只有通过促进管理人员和基层工人之间频繁且积极的交流，才能改变这些认知。最初的指导环节之后，公司管理者希望所有管理人员可以制订计划，增加与工作人员之间积极的面对面交流。同时，同期开展的全面生产维护（TPM）计划要求管理人员“接手”生产车间的一项工作。管理人员必须认识接手工作模块三班倒的所有工作人员，试着了解他们的担忧，并为其提供支持。这就要求他们参加夜班，有时需要参加两次。两项计划的结果就是工厂氛围实现了显著的改变。管理人员和工作人员之间不再是少有或没有交流，而是开始进行开放式沟通。

实现文化变革另一个要点在于将员工—参与计划与公司环境、健康和安全过程其他元素相结合。工作界面收集的数据严格用于消除危险暴露。有一次，工厂开展了一项长时间、高费用的机器维护项目。该计划主管强调了基层工人在减少风险暴露方面的参与，从而培养主人翁精神。他也发起了事故调查流程，编写事故并进行分析，观察员工参与工作与公司全面生产维护体系的融合情况。

成果

采取这项多层级干预计划之后不到两年的时间里，该公司重新成为部门安全绩效佼佼者。事故率显著下降，并持续下降（图 11–14）。以员工为驱动力的安全工作已经成为文化的内在内容。伤害事件的上报有所增加，现在意外事件也能够及时上报，这预示了对管理层的信任有所增加，管理人员应用新技巧强化安全文化。全厂范围内的解决方案有助于领薪水的基层员工以公司目标为中心团结起来，在工作方式方面做出有意义的持续性改变。

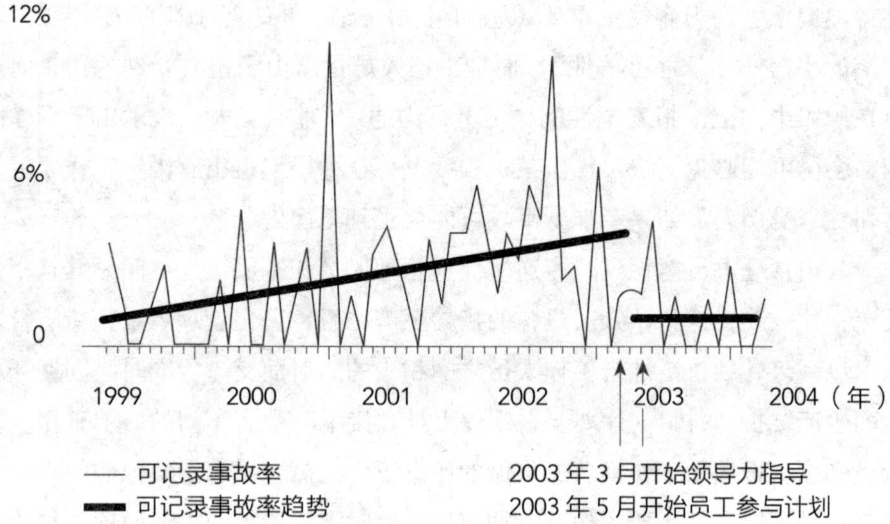

图 11-14 波多黎各消费品公司可记录事故率控制图

经验教训

这项计划至关重要的经验之一就是一位高层领导者的愿景和指导所具有的重要性。如果没有公司管理者强有力的积极支持，就无法实现并维持该公司所取得的安全成果。强有力的领导也确保了监管层级与基层工人所要执行的计划得到了充分的支持，明确沟通了清晰一致的期望值。

另一个重要的经验是员工参与方并不排斥其他安全计划，甚至是其他公司范围内的计划。在本案例中，该方法不仅融合了安全体系的各种元素，也同样结合了全面生产维护，其中各元素之间可以相互支持。

第十二章 美国国家航空航天局转变组织文化与安全氛围的方法

本章由史考特·斯特里科夫（Scott Stricoff）著作

- 评估现有文化和氛围
- 研究发现
- 干预计划
- 文化变革计划
- 结果
- 总结

美国国家航空航天局成立于 1958 年，主持太空探索和航空学研究工作。目前，美国国家航空航天局总部及其全美范围内的九个中心约有 1.9 万名员工，由加利福尼亚理工学院（California Institute of Technology）代为运营的喷气推进实验室（Jet Propulsion Laboratory）另有 5000 多名工作人员。美国国家航空航天局在太空探索、空间科学以及航空研究等方面的项目广为人知，其中关注度最高的项目包括航天飞机与国际空间站等。

2003 年 2 月 1 日，哥伦比亚号航天飞机在返回地球时发生意外，七名宇航员罹难。一组杰出的专家受命组成哥伦比亚事故调查委员会，用时六个月对此次事故展开了彻底的调查。

事故调查委员会于 2003 年 8 月发布研究报告，主要内容包括以下三个方面：①体系安全、文化以及组织问题，包括决策、风险管理以及沟通等；②安全返航要求；③卓越的技术。事故调查委员会发现，在此次的哥伦比亚事故中，美国国家航空航天局的文化及其历史和其他技术故障的责任同样重大。委员会特别指出以下在哥伦比亚事故中组织方面的原因：

“此次意外事件组织方面的原因根植于美国飞船计划（Space Shuttle Program）的历史和文化中，包括起初为了申请获批穿梭计划所做的妥协、后续多年资源的约束，变化不断的侧重点、进度压力，从操作角度错误描述航空器，而没有用发展的眼光来看待问题，同时也没有达成国家层面上愿景的统一，不利于安全的文化特质和组织实践得以展现。原因包括工程实践（比如通过测试了解为何体系没有按照要求/性能参数运转）倚重于过往成功经验；存在阻碍关键安全信息有效交流的组织障碍，不利于不同专业观点的表达；计划各元素之间缺乏综合管理；形成了凌驾于组织规则之上的非正常指挥与决策过程。”[①]

委员会给出了具体的建议，要求组织作出大量的结构性改变，指出了对安

① Columbia Accident Investigation Board Report. August 2003. Vol. 1, Chapter 7: 177.

全工作具有重要意义的领导力实践存在的诸多不足。尽管报告没有明确给出改进领导力实践的建议，但指出了领导力实践在推进安全工作方面存在的诸多不足，比如：

- 没有遵循美国国家航空航天局本身的程序。
- 要求大家证实问题的存在，而非假设需要确保没有问题。
- 营造了将时间视为完成计划的认知。

基于事故调查委员会的调查结果以及相关活动，美国国家航空航天局树立了彻底改造组织和安全文化的目标。至少，计划六个月内在文化变革方面取得显著进步、三年内整个机构实现广泛意义上的切实改变。六个月的时间是该机构做好准备复航的重要节点。

评估审核了40多家机构的提案，美国国家航空航天局于2004年1月选择了由我们进行文化和安全文化变革计划的制订和执行。委托我们以具有全局视角、系统综合的方式了解之前以及当前的安全氛围和文化基准，找出不利于该局有效采纳哥伦比亚事故调查委员会指定改进意见的氛围和文化，进一步应邀开设一门或多门行动课程，从而改变行为并引进新规范。我们一是消除安全文化和思维模式的壁垒；二是促进美国国家航空航天局全体人员团结协作，齐心协力，拥护牢固的安全与使命达成文化；三是匹配局内各项进行中的计划。

我们对当前的状态进行了评估，并着手制定实施方案。美国国家航空航天局要求我们在30天内完成这两项工作。展开评估并制订计划之后，我们开始执行。结果是在巩固美国国家航空航天局文化的长期目标方面取得显著成效。本章介绍了评估及其结果、为影响文化而实施的计划以及实施计划六个月之后取得的结果。

评估现有文化和氛围

在我们做出任何改变之前，我们需要了解美国国家航空航天局现有的文化和氛围，明确需要改进的重点领域。我们在接受任务时，认为美国国家航空航天局的文化中有许多积极方面。我们的挑战在于在这些积极方面的基础上强化整体文化，同时，处理事故调查委员会指出的各项问题。

在开展这项工作的过程中，我们注意区分“文化”与“氛围”的不同。文化，我们是指组织内共享的价值观和信仰——通俗来说就是“我们做事的方式”。文化也可以看作组织内共享的行为规范，通常是不言而喻的。

氛围是指在特定时间某个特定的运营领域（比如安全）存在的主导性影响。因此，文化具有更深的嵌入性以及长期性等特点，改变周期长，会对诸多运营领域的组织绩效产生影响，而氛围的改变更为迅速，更能直接反映领导层的关注点。

对于美国国家航空航天局而言，区分二者的重要意义在于哥伦比亚悲剧的后果营造了浓厚的安全氛围；然而，我们担心的是如果缺乏适当的引导，文化并不会改变，而且随着时间推移，安全氛围可能会随着组织内不可避免的预算问题以及运营压力而大打折扣。

如下文所述，文化评估基于对之前工作的回顾、针对员工的调查以及多次访谈。

以往的研究

2003 年底，美国国家航空航天局局长肖恩·奥基夫要求对哥伦比亚事故调查委员会报告展开详尽研究，从而判断哪些建议、观察以及发现适用于其组织，并采取措施逐一应对。其内部团队展开了研究，并出具了一份详细的报告，明确了许多具体的改进计划以及针对不同部门的建议性计划。根据这份报告，团队关注于委员会报告指出的组织层面（而不是物理方面）原因，但“没有对应对组织层面原因所需的文化变革，进行广泛深入的评估”。

团队的建议分为七个主要方面：

- 领导力
- 学习
- 沟通

- 过程与规则
- 技术能力
- 组织结构
- 风险管理

团队认为需要进行文化变革的方面比其研究所涉及的内容更为广泛。根据报告，“一些建议的行动是组织文化变革中司空见惯的，但团队提出的目标仅仅是作为这一过程中的第一步”。

团队回顾了局内之前展开的文化调查，为此次评估提供了历史性参考。

2003 年，联邦人事管理办公室（OPM）对行政部门展开了一项题为“最佳工作场所”的调查研究。研究评估了员工对政府机构各个方面的态度，并对各个机构及其分支进行了综合排名。美国国家航空航天局位列所有机构榜首，而且有几个办公场所也在整个联邦政府的所有办公场所中排名前十位。该项调查发现了其团队协作、员工能力–任务匹配度以及战略管理等方面的优势；也明确了各个机构需要改进的领域。美国国家航空航天局各个中心在“领导力”这一大类范畴内，都有提升的空间。

这些研究发现大体上与其之前自己展开的研究结果相一致。尽管美国国家航空航天局很多年都没有展开全局范围内的文化调查，在过去的几年里，有几个中心单独开展过类似调查。这些调查研究表明领导力是最需要改进的方面，然而，他们没有明确看到领导力改进的契机。

安全氛围与文化调查

我们在美国国家航空航天局所有的 11 个工作场所采用了特别修订版本的组织文化诊断工具。我们要求其所有的员工以及喷气推进实验室（JPL）员工完成一个网页版的调查。正如第四章中所介绍，组织文化诊断工具可以评估潜在影响组织文化与安全氛围的原因。

我们通过调查收集有关职业安全的信息。除了基本的调查量度，针对美国国家航空航天局的具体情况，我们特意添加了一些内容，旨在评估当前情况与想要实现目标之间的相对差距，并收集了事故调查委员会报告中提出的几个与具体文化相关问题的相关数据。

美国国家航空航天局员工的整体反应率为45.2%，与之前的文化调查的反应率基本相当。我们评估了参与调查人员样本中的潜在反应偏差，这些测试表明参与调查的人群基本上可以代表所有人员。

全局范围内针对基本调查量度的反馈如图12-1（百分比得分）和图12-2（原始得分）所示。图12-1中的百分数为美国国家航空航天局与使用该调查研究所得标准数据库的比较结果。

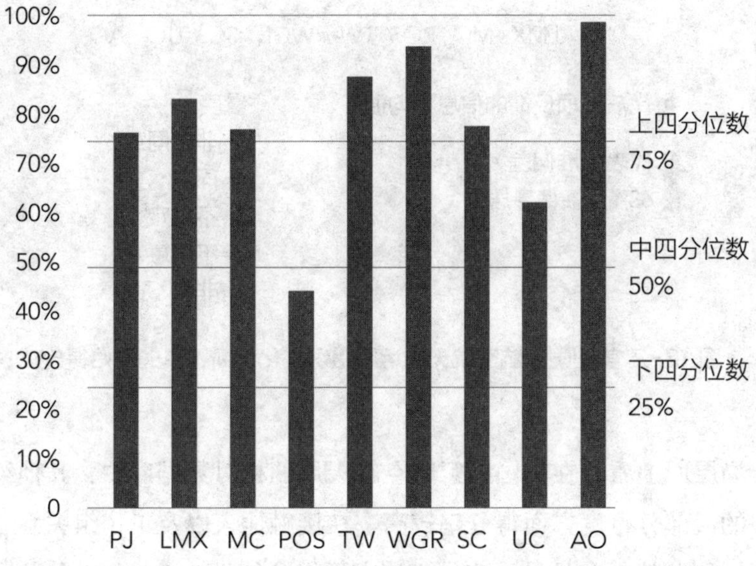

组织维度	团队维度	安全相关维度
PJ：程序公平 LMX：领导者—成员交流 MC：管理可信性 POS：感知组织的支持	TW：团队协作 WGR：工作组关系	SC：安全氛围 UC：上行沟通 AO：接触他人

图12-1 美国国家航空航天局运用组织文化诊断工具的百分比得分

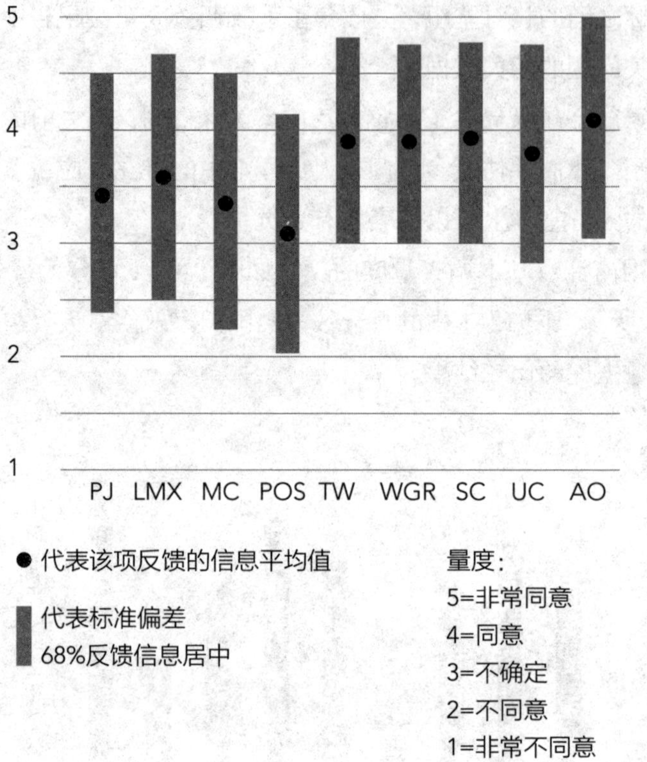

图 12-2 美国国家航空航天局运用组织文化诊断工具的原始得分

从全局层面上看，在美国国家航空航天局的相对数据库中，其他组织在构成调查中的大部分量度方面得分率较高。在接触他人以及工作组关系方面得分高于 90%，团队协作和领导—成员交流方面得分处于 80%—90%。这些结果表明在整个机构中，各个工作场所整体上具有有效的团队运作能力，员工有能力并且倾向于与同事分享意见。

美国国家航空航天局在两个量度方面的得分最低：感知组织的支持（46%）和上行沟通（62%）。感知组织的支持评估的是员工对组织关心他们的需求和利益的认知。这些认知反过来影响了员工是否相信组织重视安全问题。这影响了员工是愿意还是不愿意提出安全性问题。上行沟通（UC）评估了有关安全问题的质量和数量。

感知组织的支持和上行沟通方面较低的得分揭示了文化变革工作中需要特别关注的领域。高级管理层及其通过管理链促进鼓舞的行为会对这两个维度产生影响。这些维度对文化也存在强烈影响并直接关系到职业安全。

研究发现

为了取得调查结果的背景信息，我们面向来自代表性工作场所的120多位人员展开了一系列的访谈，包括美国国家航空航天局总部、格伦研究中心以及约翰逊航天中心等。在每个工作场所，我们单独访谈了高级管理层的成员并会见了个人贡献者、监管人员和管理人员的代表群体。这些访谈的目的在于获取基本背景信息，从而帮助我们解读调查数据。整体上，访谈显示出大家对局内工作的热忱与敬业，然而，我们也发现很多令人不满之处。

在访谈过程中，我们收集到大量有关在美国国家航空航天局难以各抒己见的反馈。往往有人哪怕在小组讨论最后也没能直抒己见，要么是在其他人离开之后表明意见，要么是留张纸条表达没有当众提出的想法，这些评论倾向于有关沟通障碍的话题。这一点与上行沟通调查结果一致，而且说明其内有一群非管理人员认为在开放式沟通方面有障碍。

我们也听到很多人反馈说并不是所有的管理人员和监管人员都具备了符合大众预期的领导力水平，其中，主要的一个方面是对个人的尊重。我们对一些管理人员的行为方式提出要求，认为他们需要更好地体现这一价值观。

安全与职业成功的周数据

2003年11月，航空灾难事件发生后的第九个月，美国国家航空航天局举办了安全与职业成功的周活动。在这一周里，每一个中心的负责人都需要收集下属员工的反馈，了解他们对哥伦比亚事故调查委员会报告及其提出问题的意见。

美国国家航空航天局分析各个中心的数据，明确主题。我们在完成评估报告时，收到了这份数据的概要，发现研究结果与评估相一致。提炼出的几个主题和具体问题对其文化变革具有重要意义，包括：

- 缺乏向上传递反馈意见的过程，这一点体现在上行沟通方面的调查分数上。
- 领导者言行不一致，这一点直接造成了较低的管理可信性。
- 信息传达只有“内容”没有“原因”，这就有可能造成管理可信性以及感知组织的支持方面得分较低。
- 需要重视并促进尊重与合作的文化，这一点关系到感知组织的支持。
- 需要再次强调互相尊重以及合作的重要性。
- 需要接纳少数派观点——营造鼓励不同观点并追求新观点/选择的开放氛围。这与调查结果中，上行沟通是最薄弱的量度之一的发现相一致。
- 合同工被当作“二等公民”对待，这会导致沟通不畅，有可能阻碍绩效卓越的实现。

结论

评估发现美国国家航空航天局有在工作中敢干能干的悠久传统文化，但没有充分体现出机构奉行的其他价值观，比如安全、美国国家航空航天局大家庭、卓越以及正直性。这种文化映射出一个转变中的组织有许多进展中的计划，但在工作层面上对“如何将所有计划结合起来”缺乏清晰概念。

审视美国国家航空航天局奉行的价值观，我们发现：

*其全体人员在概念上恪守安全理念，但尚未营造出全力支持的文化。*开诚布公的交流还不是一种常态，大家在向管理层提出安全性问题时会感到不适。

美国国家航空航天局的大家庭观念与大家感觉到的来自组织的不尊重与不

重视相违背。因此，大家对技术工作的热忱并没有转化为对组织的坚定承诺。支持性岗位上的员工往往没有充分了解或是重视自己与机构使命之间的联系，技术性岗位上的员工没有充分重视支持性岗位对其取得成功的贡献。

涉及技术性工作时，卓越是一种备受重视的价值观，但许多美国国家航空航天局的工作人员觉得在组织运营的其他方面，这并不是必要的（比如管理技巧、支持行政功能，以及营造管理沟通卓越的氛围）。

大家在工作中一般都了解并且体现了正直性。然而，*在组织中的某些情境下*，管理层释放了信号——可能是无意识地——不欢迎提出消极问题，这一点与真正重视正直性的组织相悖。

概括来说，我们看到了一个机遇，需要帮助美国国家航空航天局成为一个践行价值观的组织，从而强化文化的正直性。

干预计划

综述

基于这份评估，我们建议文化变革计划应该建立在安全氛围与文化调查所体现的优势基础之上。美国国家航空航天局员工通常可以进行良好的团队合作，相互尊重喜爱，乐于彼此交流。我们可以利用这些优势营造强化机制，增强支持机构价值观和期望文化的行为。

另外，我们建议文化变革计划应该重视管理人员和监管人员，在以任务为导向和以关系为导向之间维持有效平衡。美国国家航空航天局的很多管理人员自然倾向于以任务为导向，这在技术型组织很常见。然而，强烈的任务导向会造成上行沟通的阻碍以及不利于员工感知组织的支持，采取措施帮助管理人员和监管人员改进任务和关系导向之间的平衡，美国国家航空航天局可以更好地将安全与人的价值观结合起来，营造能够更有效支持机构实现使命的文化氛围。

我们认为美国国家航空航天局需要避免掉进组织“陷阱”——仅仅是为了完成任务而去响应委员会报告。美国国家航空航天局的文化倾向于通过分散的项目识别并解决问题。多年以来，美国国家航空航天局在定义和执行项目方面，确实表现出众。然而，一个项目，就其本质来说，有始有终。如果通过几个单独的项目来处理报告中的具体问题，该局可能无法在第一时间处理导致诸多问题的潜在文化问题。

为了满足美国国家航空航天局的需要，发挥其优势，我们基于一个核心理念制订了文化变革计划：*预期文化的定义必须以组织的价值观为基础*。

价值的重要性

价值为组织所做的一切奠定基础，以确保目标的实现，这有助于让组织中的每一个人了解在日常工作和决策中有哪些需要注意的事项。价值为实现成功所需的战略性设想奠定基础，有助于确保大家了解组织对每一个人的期望。

组织制定规则做到事无巨细。在美国国家航空航天局所处的复杂环境中，组织必须能够信赖个体在意料之外或是无法预见的情形之下可以作出的独立判断。所有人正确理解并认可组织价值观会减少这些判断过程中的变量。

根据评估结果，对于实现安全绩效卓越所需要信奉的组织价值观，组织内并没有做到一致遵循。执行计划肯定了在美国国家航空航天局范围内广泛传播安全文化，并在组织内各级别的领导者积极践行的过程中，强调价值观所发挥的重要作用。

应对文化与氛围问题

文化和氛围都具有重要意义。明确价值观是重要的第一步，将这些价值观融入组织之中来转变文化。

重大意外之后，组织氛围往往会迅速发生改变，但潜在的组织文化却不会发生根本性的改变，进而阻止意外再次发生。既然与文化不一致的氛围不会持久，意外发生之后出现的有利于安全的氛围并不一定确保会实现改进，除非采取措施改变文化。

在制订执行计划的过程中，美国国家航空航天局当前的安全氛围浓厚并有促进作用。既然有利的组织氛围是成功改变文化的一种条件，当前形势为引入新原则，进而开展全局范围内的文化变革计划提供了有限时间的机遇。

领导者如何驱动文化变革

改变文化的关键在于领导层。领导者通过有所为和有所不为对安全产生影响。他们可以有意识或无意识地发挥这种影响力。然而，掌握正确知识和技巧的领导者可以朝着预期方向推动文化，并不断取得进展，因此，关键在于让领导者更高效，而实现这一目的的最佳方式是采用行为工具。

采用行为工具。行为工具是转变文化最实际有效的方式。形成新的行为范式时，文化就会改变。行为具有可定义性以及可评估性，因此有助于实现改变。采用基于行为的工具，组织可以制定非常具体明确的计划推进文化转变，并评估在实现目标方面所取得的进展。

采用行为工具可以促进组织内变革，同时能够确保未来领导者的选拔以及培养都会有利于实现预期文化。我们的评估结果证实了采用这些工具，为实现美国国家航空航天局想要实现的改变提供了机遇。

关注文化变革成果。组织应该制订一个单一的文化变革计划。美国国家航空航天局正在经历变革，其中存在很多与文化相关的问题，增加了计划有重叠甚至是冲突的可能性。

为了在美国国家航空航天局成功实现文化变革，就需要制订一个一以贯之的文化变革计划，涵盖所有文化相关问题。

文化变革计划

我们制订了最开始六个月的具体计划，启动文化变革的同时验证方法的调整，以更好地适应美国国家航空航天局的改变。为了实现这一目标，我们聚焦于美国国家航空航天局的三大中心——格伦研究中心、斯坦尼斯航天中心以及约翰逊航天中心的两个大型指挥部（工程与任务运营）。这些机构约有 3600 名人员。

文化改变涉及两个重点：一是要动员领导层和个体参与到改变当前的文化环境当中来；二是要确保培养支持目标文化的未来领导者，从而实现文化的持续发展。初始阶段的工作重点旨在实现第一个目标。

最开始，美国国家航空航天局高级领导层重新审视了组织的核心价值观，重申了组织所追求的价值。结合这些价值观，明确阐述了成功的文化变革，所能实现未来状态的愿景：

“该计划旨在强化美国国家航空航天局的组织文化和安全氛围。希望今后，每一个个体都能感觉到自我得到重视，所做贡献得到赏识。组织中的每一个人，无论岗位和级别，了解自己在组织实现既定目标过程中的重要意义，是航行局大团队的一部分，了解他人为团队大目标所做出的努力，并致力于实现组织成功及其使命。局内各级管理人员和高管，从上到下，一致做到尊重他人。大家乐于提出问题，并相信所提出的问题会得到充分考虑和妥善处理。对管理层具有高度信任感，同样，相信管理层会信任每一个人。

在预期的未来状态中，大家广泛认为安全是使命成功不可或缺的一部分，并在实践过程中铭记这一点。组织得到认可不仅是因其不懈的追求和最前沿的杰出贡献，也是因为卓越的安全记录，这些都是大家共同的目标。”

在制定实现文化变革的目标策略时，我们首先让大家认识到文化反映了共同的认知、信念和行为，如果我们改变了这些认知和信念，就改变了文化。

个体的认知和信念受到各种各样干预因素的影响。比如，有关组织的认知和信念很大程度上被个体与直接监管人员的相互作用所影响。这些相互作用让个体了解组织真正的价值观，形成对组织的看法。直接监管人员的领导行为的改变会对文化产生影响，但除非监管人员的上级改变了领导行为，否则不太可能会发生。同样地，我们必须通过各级领导层改变行为。

为了改变个体的认知和信念，我们需要改变其监管人员的领导行为，使其行为更能够体现出预期文化。我们在一线监管人员，也就是分支机构负责人当中倡导的新行为包括一系列践行核心价值观的关键性行为。我们在部门负责人、主管、中心负责人当中所倡议的行为践行了组织价值观，并鼓励下属管理人员也采用这些行为。

支持美国国家航空航天局价值观的行为有很多，既包括领导力行为，也有个体贡献行为。为了改变文化，我们需要重点关注这些行为当中易于管理的一小部分，根据这些行为对想要改变的文化相关认知和信念影响程度进行关注。比如，调查结果显示美国国家航空航天局的文化在工作组关系方面表现突出，尽管有一些与工作组关系相关的行为，但是我们却不会选择进行关注，因为这些行为已经相对成熟，然而，像上行沟通这样美国国家航空航天局需要改进的方面，相关领导力行为会被视为关键行为。当前的关键行为涉及沟通、为个体考虑、管理一致性（可信性）以及决策等（图 12-3）。

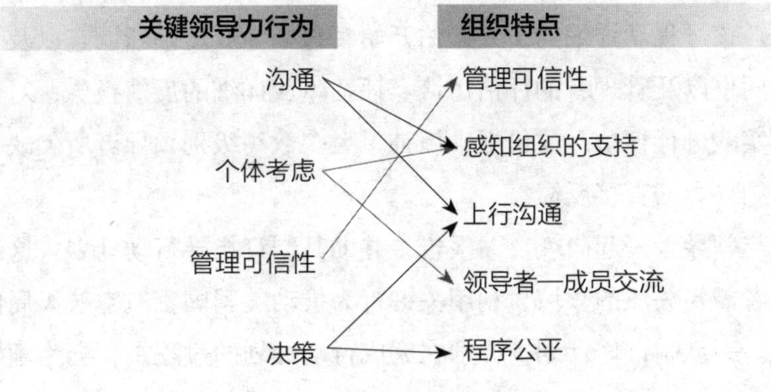

图 12-3 关键领导力行为与组织特点之间的关系

关键领导力行为的判断基于各种各样的数据来源，比如哥伦比亚事故调查委员会报告、组织文化诊断工具、美国国家航空航天局有关委员会建议广泛适用性的内部讨论以及安全与职业成长周研究报告。我们基于这些数据来源明确了关键领导力行为的基本设定；在需要开展文化变革工作的各个分支机构对关键行为的基本设定进行了评估。评估证实了这些行为与各个分支机构的关联性，为各个行为如何在各分支机构得到证实提供了示例，完善了局部应用的定义。

我们制订了多管齐下的具体计划，包括组织高级领导者参与领导力指导，对所有领导者进行行为观察和反馈，并为他们提供一定数量的考评者反馈与技能培训。各个分支机构也开展了沟通工作，告知大家发生的改变。

指导

组织最高级别领导者对大部分个人贡献者的认知和信念具有重要但并不直接的影响。因此，最高级别领导者必须具有较强的领导力技巧，对于如何发挥影响具有深刻的理解。他们通过自己的行为为文化指引方向，以身作则引导下属效仿，这些都具有重要意义。为了帮助最高级别领导者推动文化变革，我们采用了领导力指导方案，帮助领导者提高推动关键行为和自身践行这些行为的能力，并帮助他们了解如何有意义地影响变革过程中的其他要素。

指导过程旨在帮助领导者了解自身领导力的优势和不足，并共同制订个人行动计划。该过程从详细的个人评估开始，包括 360 度诊断调查以及一系列面向下属、同事以及管理者的评估访谈。评估生成详细的反馈报告，对个体领导力风格和实践进行评估。这份报告填补了大多数高级别领导者所欠缺的——缺乏有关其领导力的直接反馈。

导师与领导者一起研究反馈报告，并助其制订指导行动计划。这份计划明确了领导者需要关注的领域，利用关键行为推动美国国家航空航天局价值观所需的行为。一旦制订好计划，导师在完成行动计划的过程中，会为领导者提供指导。

指导过程面向高级别领导者展开，从机构最高级别开始，沿着管理层级别向下贯彻到中心最高层领导者，见图 12–4。

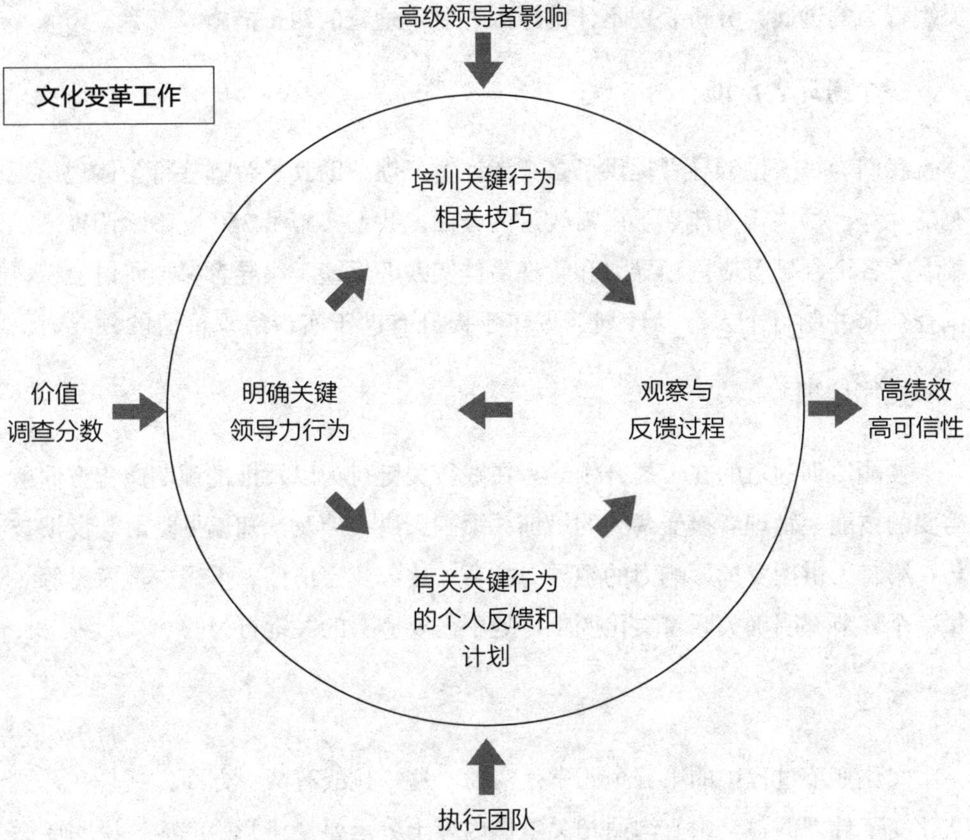

图 12-4 美国国家航空航天局各个分支机构的执行策略

行为观察与反馈

组织中所有领导者都需要明确关键领导力行为，并持之以恒地执行。领导者定期有组织地接受有关其关键行为实施情况的强化反馈，以及有关错失实施这些行为机遇的指导反馈都会改变其行为。当他们对关键行为的实施得到组织内更高级别人员的鼓励时（作为指导过程的结果），就会更进一步激励这种改变。

在观察过程中，我们收集了一些匿名数据，有助于本地执行团队追踪推进关键行为的进展，分析表现不佳的原因并制定适宜的纠正措施。

多个考评者反馈

我们为每一位领导者提供了多个考评者反馈，助其了解哪些行为体现出现有的优势，哪些行为体现了尚需改进的方面。我们实施了 360 度诊断调查，收集有关各个领导者应用领导力和管理最佳实践的反馈。领导者参加研讨会探讨调查结果并制订个人行动计划，聚焦于提升有助于实现组织价值的领导力。

技能培训

技能培训的目的在于提升领导者在践行关键行为以及推进预期文化方面所需要的技能。管理者接受两天的培训：第一天讲授涉及认知偏见觉醒与反馈技巧；第二天讲授发挥影响力的领导力技巧，比如建立信任、重视少数意见等。每一个环节都明确关联着文化变革计划中需要应对的关键行为。

沟通

文化变革过程中的第五个元素是沟通，这一挑战有两个方面：一是在开展文化变革计划的各个中心沟通相关工作内容十分重要。一开始就应该说明要做什么以及为什么要做。接下来，随着计划的实施，前期进展的沟通尤其重要。二是基于各个中心可利用的沟通工具，具体的沟通机制会有所不同。利用现有沟通渠道，比如网站时讯、内部网以及全体人员会议等传达相关工作信息，另外，鼓励管理人员在员工会议上提起相关议题，见图 12–5。

更宏观上来说，美国国家航空航天局的整体沟通体现出文化变革计划与预期文化的一致性具有重要意义，即使是与文化变革计划没有直接关联的话题也可以表现出高级领导者对预期文化的重视程度。

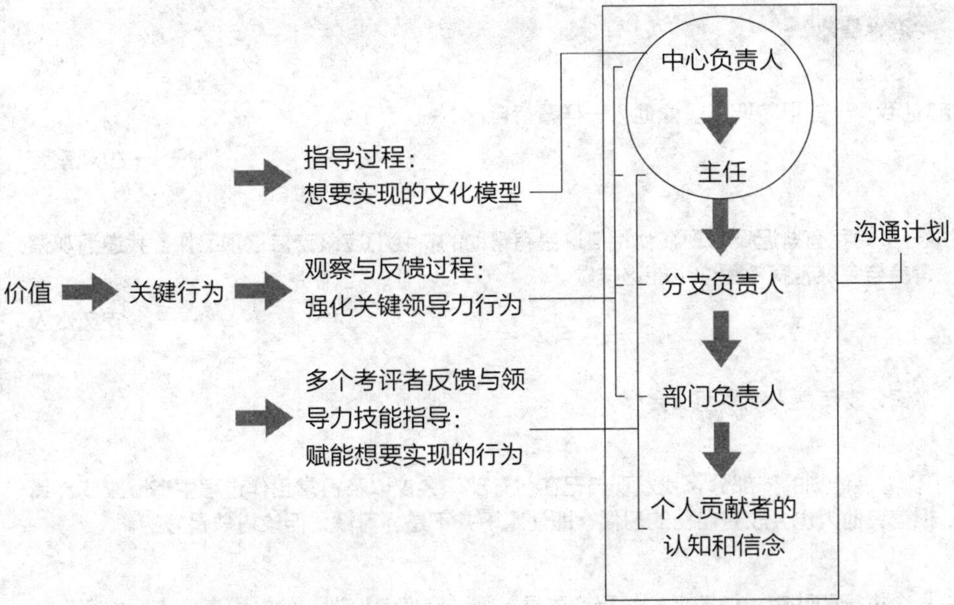

图 12-5 美国国家航空航天局各中心在变革过程中的关键组成部分

结果

自 2004 年 4 月中旬开始，在为期五个月的时间里，我们与格伦研究中心、斯坦尼斯航天中心以及约翰逊航天中心工程与任务运营指挥部展开合作。这项工作初始阶段旨在提供一种机制，了解如何最好地实施文化变革，从而实现在六个月内取得重大进展的目标。随着工作的开展，获取了各种形式的结果数据。

轶事数据

在执行工作后不久，我们开始听到轶事证据，说是工作取得了成效。轶事指标示例参见图 12-6，这些数据初步表明文化变革计划开始产生影响。

早期轶事数据

“让我少一些以貌取人，像他人一样看待自己。”

—— 一位观察者

“一开始我有些迟疑。现在我相信这是有帮助的，我们应该支持这项工作。我邀请观察者参与会议，我希望你也能这样做。”

—— 分支负责人

邀请分支负责人观察两次会议。

“作为该计划的一部分，我发现自己在召开部门会议以及日常工作过程中有所改变。我相信其他人也会改变自己的习惯，即使眼下并不是坏习惯，但改进总是好的。”

一个执行团队有一位知名的怀疑论成员。经过观察者培训，他站出来，告诉大家之前他并不支持这项工作，但他现在明白了，认为这件事意义重大。

个体要求开展 360 度领导力调查为其提供反馈。

培训评估一再证明，开始持怀疑态度的参与者，经过培训会成为拥护者。

分支负责人在员工会议上参考指导行为，分享反馈意见。

邀请观察者观察MMT会议。

图 12-6 美国国家航空航天局在变革过程中的早期成功指标示例

行为数据

我们随着行为观察和反馈过程开始积累数据，开始看到所观察的行为的完成次数，相对未完成的有所增加。图 12-7 体现了一个分支机构的早期数据，

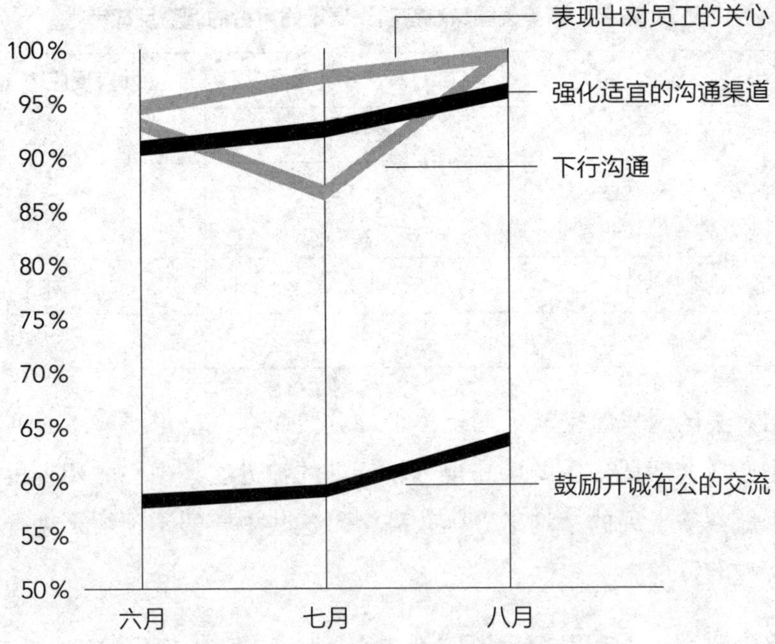

图 12-7 美国国家航空航天局某分支机构的早期数据

好几项具体行为的数据表现出上升趋势。其他行为没有这么快表现出上升趋势，但过程中产生的数据有助于重点关注以寻求进一步完善的领域。

文化调查

开展文化变革计划约六个月之后，我们再一次针对相关群体运用了文化诊断工具。这项调查所用的方式与初始评估阶段所运用的调查方式完全相同，而且我们同样是通过邮件通知，展开基于网页的调查。

此次调查反应率较高，而且大多数分支机构的反应率高于初始（二月）调查，也高于美国国家航空航天局之前的文化调查反应率。各分支机构的调查反应率参见表 12-1。

对参与调查样本人群的潜在反应偏见进行了评估，测试结果表明样本相对整个调查人口具有代表性。

表 12–1 美国国家航空航天局不同月份的调查反应率

	二月反应率（%）	九月反应率（%）
格伦研究中心	32.4	65.2
约翰逊航天中心（工程与任务运营指挥部）	52.6	45.8
斯坦尼斯航天中心	45.2	71.5
整体	45.2	57.9

相对美国国家航空航天局整体平均分数而言，格伦研究中心和斯坦尼斯航天中心在初期评估中的调查得分较低。约翰逊航天中心的调查得分相对美国国家航空航天局的平均得分则较高，对这些中心的干预结果进行比较会有一些有趣的发现。

格伦研究中心和斯坦尼斯航天中心

在基本的安全氛围与文化调查中，格伦研究中心在所有量度方面都表现出有所改进。结果参见图 12–8（百分比得分）以及图 12–9（原始得分）。九月份的结果（干预之后）相对二月份的结果（干预之前）表现出显著提升。图 12–9 体现了这些结果在其置信区间的比较。置信区间没有重叠的部分，在统计上呈现显著差异。

相比较格伦研究中心管理人员与非管理人员的反应，我们发现管理人员在调查量度结果方面，相对非管理人员表现出更大的变化。这与我们对仅仅六个月之后的预期相一致：文化变革策略要与领导层合作，作为驱动文化变革的机制。文化变革工作的初期计划主要侧重于各个级别的管理人员。仅六个月之后就可以预期到管理人员相对个人贡献者，作出了更大的改变，调查结果也体现了这一点。

调查最后的问题是开放式的：“在过去的六个月里，你觉得美国国家航空航天局的文化有哪些变化?”格伦研究中心管理人员当中有 46%参与调查的人

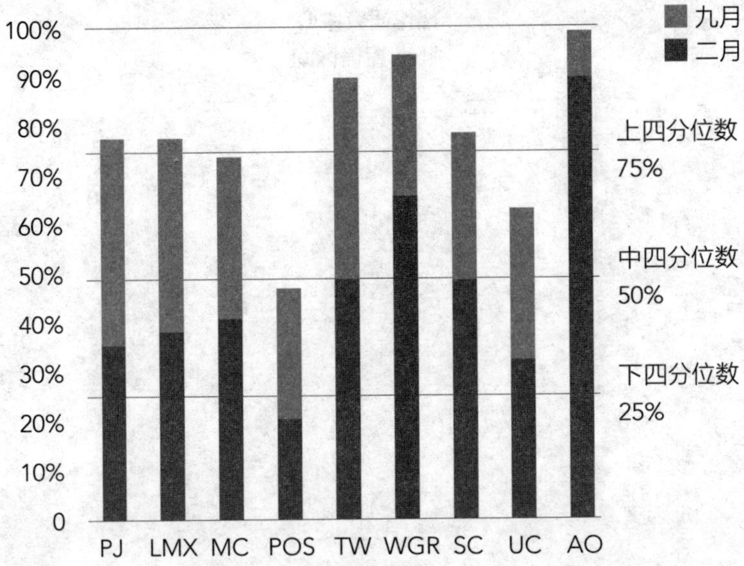

组织维度	团队维度	安全相关维度
PJ：程序公平 LMX：领导者—成员交流 MC：管理可信性 POS：感知组织的支持	TW：团队协作 WGR：工作组关系	SC：安全氛围 UC：上行沟通 AO：接触他人

图 12-8 美国国家航空航天局格伦研究中心干预之前与之后的组织文化诊断工具百分比得分

进行了评论，非管理人员当中有 44%参与调查的人回答了这个问题。

在分析管理人员的评论时，我们发现有 32%的人提到了文化改进的具体指标，比如寻求他人意见[①]，10%的人认为没有改变，4%的人认为文化更糟了。在提供评论的管理人员当中，21%的人认为安全氛围有所改进，而 4%的

① 只统计提及文化特点改变的评论。许多其他评论提到了过去六个月开展的活动，比如培训或是会议，但对活动的描述（不同于文化特点）不在分析范围内。

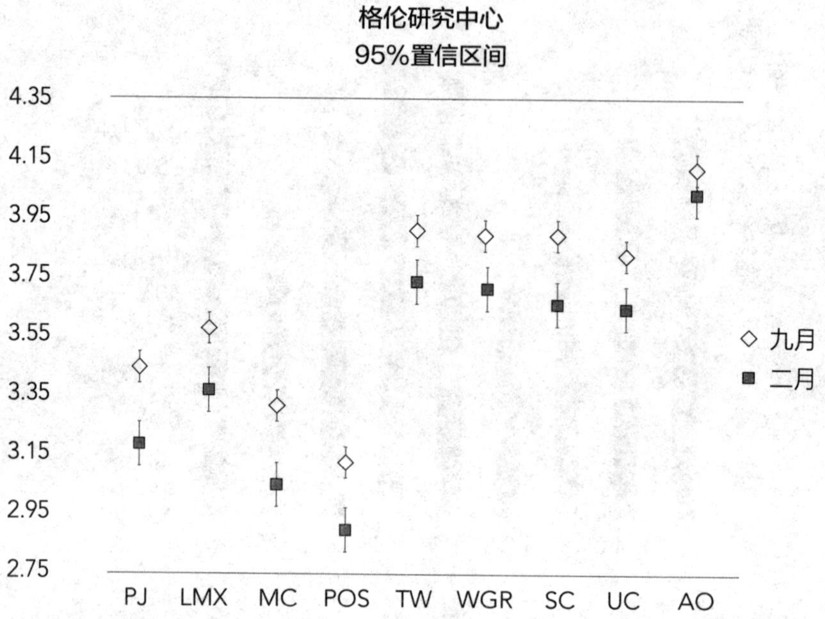

量度：5=非常同意
4=同意
3=不确定
2=不同意
1=非常不同意

组织维度	团队维度	安全相关维度
PJ：程序公平 LMX：领导者—成员交流 MC：管理可信性 POS：感知组织的支持	TW：团队协作 WGR：工作组关系	SC：安全氛围 UC：上行沟通 AO：接触他人

图 12-9 格伦研究中心的组织文化诊断工具原始得分

人认为安全氛围更不好了。非管理人员当中，22%的人提到了文化改进的具体指标，16%的人认为没有改变，4%的人认为文化更糟了。

除了基本的调查量度，此次调查也包括了一系列其他相关的问题，按主题分组，比如安全卓越的指导原则、言行一致性、合作与协作、潜在抑制因素、沟通以及员工与职业安全的联系等。相比较第一次调查，所有相关的问题都有所解决。

斯坦尼斯航天中心的结果与格伦研究中心十分相似。所有调查得分都有所提升，评论内容也与结果相一致。

约翰逊航天中心

调查面向约翰逊航天中心的工程与任务运营指挥部展开。在计划最初阶段，文化变革工作主要聚焦于这两个群体。

约翰逊航天中心这两个组织单位在基本的安全氛围与文化调查中，所有量度都表现出了改进。结果参见图 12-10（百分比得分）以及图 12-11（原始得分）。相对二月份的结果，九月份的结果呈现出显著改进。图 12-11 体现了这些结果在其置信区间的比较。置信区间没有重叠的部分，在统计上呈现显著差异。

约翰逊航天中心在文化变革工作开展之前，大部分量度得分整体较高，都在 80%以上。经过初期的文化变革努力，尽管原始分数仍有改进空间，但每一个量度方面都有一定程度的提高，百分比得分较高。

相比较非管理人员而言，我们再一次发现管理人员的调查量度结果变化更大，这与我们的预期相一致。

调查最后的问题是开放式的："在过去的六个月里，你觉得美国国家航空航天局的文化有哪些变化?"约翰逊航天中心有 52%参与调查的管理人员进行评论，有 45%参与调查的非管理人员回答了这个问题。

管理人员的评论中，有 52%的人提到了文化改进的具体指标，比如寻求

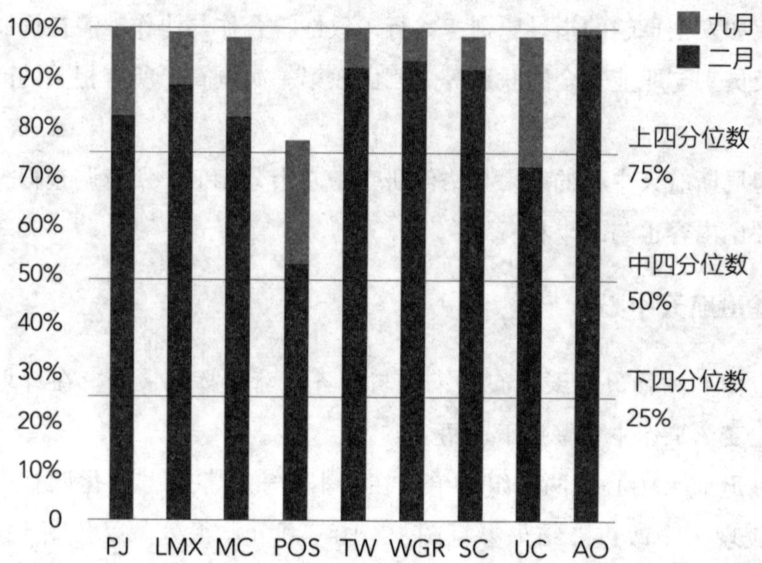

组织维度	团队维度	安全相关维度
PJ：程序公平 LMX：领导者—成员交流 MC：管理可信性 POS：感知组织的支持	TW：团队协作 WGR：工作组关系	SC：安全氛围 UC：上行沟通 AO：接触他人

图 12-10 约翰逊航天中心干预之前与之后的组织文化诊断工具百分比得分

他人意见[①]，7%的人认为没有改变，4%的人认为文化更糟了。非管理人员当中，有 22%的人提到了文化改进的具体指标，22%的人认为没有改变，3%的人认为文化更糟了。另外，13%的人认为安全氛围有改进。

① 只统计提及文化特点改变的评论。许多其他评论提到了过去六个月开展的活动，比如培训或是会议，但对活动的描述（不同于文化特点）不在分析范围内。

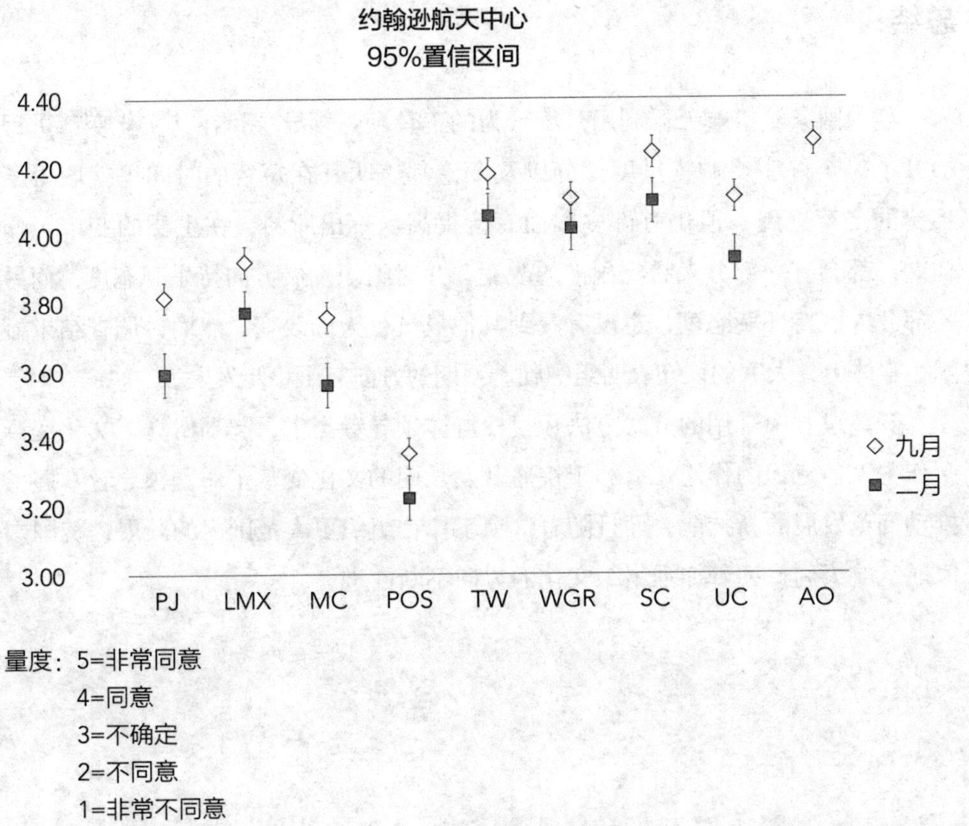

组织维度	团队维度	安全相关维度
PJ：程序公平 LMX：领导者—成员交流 MC：管理可信性 POS：感知组织的支持	TW：团队协作 WGR：工作组关系	SC：安全氛围 UC：上行沟通 AO：接触他人

图 12-11 约翰逊航天中心的组织文化诊断工具原始得分

除了基本的调查量度，此次调查也包括了一系列美国国家航空航天局相关的问题。相比较二月份的调查，所有相关问题都有所解决。

总结

美国国家航空航天局利用基于行为的工具聚焦领导层，在其文化变革进程中开了一个好头。调查量度得分以及评论都表明其在短暂的时间里就取得了不错的变革进展，但仍有许多方面有待提高。不出所料，在主要的变革工作初期，都会有一部分人看到积极的改变，并对组织发展方向持乐观态度，而另一部分人则持怀疑态度，也没有看到其他成员行为的改变。然而，调查结果显示，整体上，大家的认知表明组织朝着预期的方向有了稳步发展。

变革过程中采用的方式方法在目标群体领导者当中，起到树立了文化变革工作主人翁意识的作用，有利于快速开始长期的文化变革工作。领导者掌握了推动变革发展的新技能，而且随着这项工作在组织更大范围内的开展，美国国家航空航天局将朝着加强组织文化的方向不断前进。

致谢

这本书是美国行为科学技术公司顾问团队、客户组织及其他技术方持续不断通力合作的成果。在此，我衷心感谢参与其中的诸位，感谢你们帮助我实现个人职业生涯中的又一成就。

咨询顾问对他们的客户总是满怀感激之情。这部作品得以成型，离不开各位组织领导者的支持，是他们意识到了安全领导力提升的重要性和组织文化应该得到改进，并采取了切实的行动。我们有幸可以与诸多杰出组织的优秀高级安全领导者共事。此处无法一一列举，仅提及其中尤为突出的几位：美国国家航空航天局的Sean O'Keefe，曾任职美国铝公司的Paul O'Neill，加拿大钾肥公司的Jim Dietz，加拿大石油公司的Andrew Stephens，杜克能源公司的Paul Anderson，以及全美汽车工人联合会的Tom Weekley。

我在美国行为科学技术公司的几位同事，积极推动了我的创作思路，对形成本书的中心理念亦有重大贡献。整个美国行为科学技术公司顾问团队帮助我形成了这些理念，并在理念转化为行动的过程中提供了反馈和调整。他们或是完成了独立的章节，或是参与了部分写作。参与部分写作的几位有John Hidley（第二章，第九章，第十章），Kim Sloat（第四章和第八章，包括诸多基础研究内容），以及Rebecca Timmins（第六章）。完成独立章节的有Jim Huggett（第七章），Don Groover、Jim Spigener、Rebecca Timmins以及Ken Jones（第十一章的几节），以及Scott Stricoff（第十二章）。Kristen Bell在北卡罗来纳大学Dave Hoffman的帮助下，组织并完成了大部分的研究内容。感谢Pat Smith最先发现安全领导力模型的重要性，为本书中最终版本的构建奠定了基础。Pat也制定了可以传递“全局观”的组织安全模型。Rebecca Nigel和Bonnie Irving承担了艰巨的编辑工作，将一切整理成形，而Marty Mellein完成了图表和版式的设计。

最后，从个人角度来说，我要感谢我的妻子，Cathryn以及我们的四个孩子：Elizabeth、Christel、Leslie和Jared，感谢他们在本书写作过程中对我的支持和鼓励。感谢他们在压力重重的各个阶段对我的包容。也要感谢亦师亦友的Phil Fedewa，是他教会我如何在广泛的个人目标范畴内有效率地做事，并同时把握好秩序和平衡，还有Leslie Hidley，感谢她对写作内容的支持和鼓励。

图书在版编目（CIP）数据

安全领航 / (美) 托马斯 · R.克劳泽, (美) 约翰 · L.亨肖著；
孙佳译. -- 北京：中国工人出版社, 2024.9
书名原文: *Leading with Safety*
ISBN 978-7-5008-8330-2
Ⅰ. ①安… Ⅱ. ①托… ②约… ③孙… Ⅲ. ①领导学
Ⅳ. ①C933
中国国家版本馆CIP数据核字(2024)第012059号

著作权合同登记号：图字01-2022-2596

Leading with Safety by Thomas R. Krause，John L. Henshaw，ISBN：978-0-471-49425-6/0-471-49425-9

安全领航

出 版 人	董 宽
责任编辑	张姗姗
责任校对	张 彦
责任印制	栾征宇
出版发行	中国工人出版社
地 址	北京市东城区鼓楼外大街 45 号 邮编：100120
网 址	http://www.wp-china.com
电 话	（010）62005043（总编室） （010）62005039（印制管理中心） （010）62382916（工会与劳动关系分社）
发行热线	（010）82029051 62383056
经 销	各地书店
印 刷	天津中印联印务有限公司
开 本	710 毫米 × 1000 毫米 1/16
印 张	15
字 数	190 千字
版 次	2024 年 9 月第 1 版 2024 年 9 月第 1 次印刷
定 价	58.00 元

本书如有破损、缺页、装订错误，请与本社印制管理中心联系更换